Les paradoxes du pardon

Nicole Fabre

Les paradoxes du pardon

Albin Michel

À Jean, le compagnon de ma vie,
qui a toujours accueilli
et soutenu ma réflexion.

Propos introductif

Aborder aujourd'hui la question du pardon me semble une gageure. Et cela à plusieurs titres.

Du point de vue de celui qui demanderait qu'un pardon lui soit accordé : encore faut-il qu'il ait conscience du mal accompli et de sa responsabilité dans ce mal, qu'il les évalue avec justesse. Or, à diverses déformations liées au sentiment de culpabilité vécu à tort – héritage des siècles passés où l'idée de péché a pris une place si envahissante qu'elle a souvent faussé le juste sentiment de culpabilité – s'ajoute de manière spécifique depuis la seconde moitié du vingtième siècle la conscience de la faute perpétrée par les parents ou les grands-parents, notamment dans les génocides. Se pose alors la question du sens de cette quête de pardon par les individus ou les groupes sociaux qui se vivent comme héritiers de la faute des pères.

À l'opposé, nous constatons le refus, l'ignorance de tout sentiment de culpabilité, comme en témoignent de nombreux faits divers, des œuvres littéraires plus ou moins récentes et tout simplement l'observation courante. Dès lors, le désir d'être pardonné, la demande de pardon s'abolissent et le mot lui-même perd tout sens.

Dans le même temps, des images infantiles de demande de pardon ne nous aident guère à faire valoir la qualité d'un sentiment de culpabilité assorti des mots « Pardonne-moi ». Pointe même un certain soupçon : en admettant que je désire être pardonné (à juste titre, ou pour des raisons obscures et qui ne m'appartiennent pas), que signifie la demande de pardon ?

À qui s'adresse-t-elle ? Qui a pouvoir de me pardonner ? Ma demande vise-t-elle à rétablir une relation brisée, à me pacifier ? Pour obtenir l'apaisement lorsque je demande à être pardonné, est-ce que je ne mets pas l'autre en situation de devenir à son tour coupable s'il ne peut ou ne veut accorder ce pardon que j'attends de lui ?

Car c'est là l'autre face, et l'autre source de difficulté : traiter du pardon implique un double abord. Face à celui qui est en quête de pardon, nous retrouvons celui qui a été blessé et déchiré à mort parfois. Quel est cet acte que l'on requiert de lui, que parfois lui-même dans la solitude tente d'accomplir ? À quelles conditions cette démarche lui est-elle possible ? À moins que son originalité ne soit d'être une expérience inconditionnelle, tout est-il pardonnable ? N'existe-t-il pas des actes impardonnables ? Le concept d'imprescriptibilité que nos sociétés ont défini au cours des dernières décennies implique-t-il qu'aucun pardon ne pourra jamais être accordé pour l'irréparable absolu ? Finalement, le mot de « pardon » ne perdrait-il pas toute signification en même temps qu'a sombré une juste évaluation de la culpabilité ? Lorsque lui font écho les mots de « faute », de « péché », d'« absolution », de « réparation » d'une irréparable brisure, de « réconciliation », d'« ineffaçable », ne sommes-nous pas aux prises avec un véritable tintamarre qui nous perd et nous égare, faussant le sens même du mot qui a été au départ de notre réflexion ?

Alors, faudrait-il abandonner la partie, ne pas tenter de tracer un chemin dans la forêt obscure ? Ce n'est évidemment pas le choix que j'ai fait. Avec prudence, en m'attachant à suivre au plus près, pas à pas, les questions qui sont devenues par moments obstacles et par moments source de lumière, j'ai tenté d'éclairer mon questionnement, d'ouvrir des voies.

C'était l'objet d'un cours que j'ai fait au Centre Sèvres, à Paris, ces dernières années, c'est l'objet de ce livre.

N. F.

Se sentir coupable

Engager une psychanalyse ou une psychothérapie profonde, se jeter dans cette fournaise, pour reprendre une formule déjà ancienne de François Roustang, ne se fait pas à la légère. C'est poussé par une extrême nécessité, un sentiment d'échec aigu, une incertitude fondamentale sur soi-même, que l'on se lance dans cette entreprise et qu'on y consacre des forces, du temps, de l'argent. Parmi les motivations souvent avancées, il y a l'impossibilité de faire des choix, l'impossibilité de se guérir d'un deuil, d'une séparation, l'impossibilité de nouer des relations affectives durables et de bonne qualité. La demande qui va avec ce tableau c'est : « Aidez-moi à sortir de là. » Bien souvent s'exprime, sous-jacent à ces symptômes, un sentiment de culpabilité plus ou moins avoué : « C'est ma faute » ou « Je dois bien y être pour quelque chose, je suis nul », « Je ne l'ai pas assez aimé ». Souvent aussi, clairement dit, un sentiment permanent de culpabilité que le patient a du mal à justifier mais qu'il éprouve profondément et qui l'angoisse, l'empêche de vivre. D'où une première interrogation du point de vue qui m'occupe dans ces pages : ce sentiment de culpabilité jeté dès la première séance ou que je devine dans les transparences d'un discours factuel et hésitant repose-t-il sur une réalité, un événement, des actes qui peu à peu émergeront, c'est-à-dire sur la conscience d'être l'auteur d'un acte objectivement et intimement fautif ? Ou s'agit-il d'un sentiment, d'un mal-être sans justification réelle, le sentiment seul étant réel, tout comme dans le cauchemar seule la peur est réelle alors que le voleur, le poursuivant ne le sont pas ?

Le R.P. Beirnaert insistait vivement auprès des confesseurs du début du vingtième siècle pour qu'ils n'acceptent pas la formule du chrétien repentant : « Je suis un grand pécheur. » Il leur recommandait de pousser ce « pécheur » à nommer son péché non par une curiosité malsaine, pas davantage en vue d'un maximum d'humilité et de repentir, mais dans une démarche de bonne santé psychique. Ainsi pouvait-on tenter d'échapper au sentiment de culpabilité non motivé, donc pathologique, pour entrer dans une conscience de la culpabilité reposant sur un acte dont le pénitent était le sujet responsable, ce qui finalement était le plus simple et le plus juste. Modifiable. Susceptible de réparation et de pardon.

Mais si nommer la faute est impossible, ou si la faute désignée ne semble pas à la mesure du sentiment exprimé d'indignité et de gravité, on peut penser qu'il s'agit d'une culpabilité névrotique, d'une pathologie de la culpabilité. C'est ce que le Dr Hesnard incluait dans l'« univers morbide de la faute », dans un ouvrage qui marqua les années cinquante du vingtième siècle, un siècle encore très empreint du moralisme du siècle précédent.

Nous voici donc, à l'orée de cette réflexion, dans la nécessité de faire la distinction entre le sentiment de culpabilité souvent vague et la conscience d'une culpabilité que je devrais être capable de nommer.

Sitôt posée cette clarification, je suis obligée de nuancer. La conscience que j'ai d'avoir mal agi n'engendre-t-elle pas un sentiment inconfortable, celui de ma culpabilité ? Le sentiment de culpabilité qui m'habite aujourd'hui, sans que je sache le mettre en mots, ne peut-il concerner un acte oublié mais néanmoins réel ? Certes oui !

Ainsi, tout en affirmant qu'il est nécessaire de faire la distinction entre l'obscur sentiment de culpabilité et la conscience claire d'être l'auteur d'un acte mauvais, je suis conduite à m'interroger à deux niveaux.

L'acte que je reconnais et déclare fautif, cet acte dont je me dis être l'auteur responsable et coupable, au nom de quoi puis-je le déclarer mauvais ? D'un système de valeurs auquel j'adhère ? Du poids de jugements que m'imposent la société, une religion, mes parents et grands-parents ? Au nom de principes intangibles ?

Et ce moment où je me sens coupable sans pouvoir encore nommer ma faute, peut-être même sans pouvoir espérer la connaître, est-il le produit de l'éducation que j'ai reçue, des événements qui ont jadis ou aujourd'hui marqué ma vie ? Est-ce un moralisme ambiant qui me conduit dans ces brumes où je me perds lorsque seul demeure le sentiment qui les habite ? S'agirait-il de la conscience coupable que dénoncent Kierkegaard comme Sartre, le sentiment d'un monde cassé en moi et autour de moi, pour reprendre la formule de Gabriel Marcel ? S'agit-il d'une « maladie de l'âme », pour emprunter à Julia Kristeva encore une formule choc, une maladie de l'âme dont le versant dépressif serait soit la cause, soit la conséquence de la conscience obscure d'une culpabilité insupportable ?

« Il me semble toujours que c'est ma faute », me disait un jour une petite fille, et elle nommait en vrac d'innombrables « choses qui étaient sa faute » : sa faute si le petit chat était mort écrasé, sa faute si elle reniflait quand il ne fallait pas, si elle faisait des taches sur son tricot tout neuf, sa faute si elle était nulle en français et en gym, sa faute si, bien avant sa naissance, son père, enfant, avait souffert de la faim !

Devant une telle énumération, on ne peut

que penser à un vrai sentiment de culpabilité pour de fausses culpabilités. Devant une pathologie qui s'exprime de cette façon, Freud aurait sans doute rapidement (et avec justesse) reconnu les méfaits du complexe d'Œdipe déguisé, ou une jalousie très précoce envers un puîné dont elle avait désiré la mort. C'est dans cette ligne que se développa la thérapie de Christelle. Et c'est ainsi que peu à peu la petite fille s'est dégagée du sentiment invalidant « Il me semble toujours que c'est ma faute » pour faire place à plus de joie de vivre et à une conscience possible des moments où elle était réellement responsable d'un choix qui pouvait nuire à son petit frère. Ce qui supposait en arrière-plan un élément de jugement (transmis ? découvert ? accepté ?) : on ne doit pas faire de mal à son petit frère ou à tout autre enfant. De l'océan fantasmatique d'une culpabilité maladive, elle avait abordé aux rives où se dessinaient les valeurs, la responsabilité, la possibilité d'une culpabilité réelle, avec le choix des actes jugés mauvais, mais aussi la capacité de demander à être pardonnée, et celle de réparer à juste titre au lieu d'être toujours en dette, d'une dette aussi inépuisable que l'était l'océan où elle se perdait.

« Il faudrait mille mots pour décrire cette angoisse du cœur et de l'âme qui nous étreint lorsque le sentiment de culpabilité frappe à notre porte, entre dans notre vie, s'installe sans grâce aux pieds de nos désirs », écrit Marie de Solemne pour présenter les entretiens qu'elle a eus sur le thème de la culpabilité avec quelques penseurs contemporains [1]. Et quelques lignes plus loin, après avoir décrit cette angoisse, elle ajoute : « La culpabilité ne voyage jamais seule, elle marche avec la honte, l'angoisse, le mépris, la crainte de l'exclusion. » Ce qui lui fait décrire les conséquences d'un tel sentiment : horreur d'une vie qui demande sans cesse à être justifiée ; fécondité de l'aiguillon que représente le sentiment de culpabilité pour sans cesse évoluer, progresser, s'intéresser à l'autre. J'y ajouterai le désir d'être pardonné,

1. Marie de Solemne, *Innocente culpabilité, Entretiens avec Paul Ricœur, Stan Rougier, Jean-Yves Leloup, Philippe Naquet*, Dervy, 1998 ; rééd. *Innocence et culpabilité*, Albin Michel, 2007.

l'illusion qu'un pardon accordé apaiserait la peine.

Dans ses entretiens avec Marie de Solemne, Paul Ricœur introduit la distinction nécessaire entre la culpabilité objective et son intériorisation qui est le sentiment de culpabilité. Celui-ci est « sain et productif » chaque fois qu'il est lié à une juste évaluation de la responsabilité engagée par son auteur ; « la responsabilité est la riposte, et éventuellement la guérison, du sentiment pathologique de culpabilité qui, lui, est enfermé dans la solitude », poursuit Ricœur qui souligne la place de l'autre dans notre acte coupable, dans notre jugement et notre sentiment de culpabilité. Ce que, dans le même recueil d'entretiens, exprime également Jean-Yves Leloup : « La culpabilité est le rappel que nous appartenons à une société donnée. » En ce sens elle nous relie et dès lors la conscience comme le sentiment de cette culpabilité peuvent être féconds. Ils ne deviennent négatifs que si nous nous y enfermons. Car alors nous nous sentons « sales, souillés ». D'où tant de rituels de lavage chez ceux qui souffrent d'un sentiment pathologique de culpabilité, rituels souvent utilisés dans les liturgies religieuses, qu'il s'agisse d'être purifié, lavé de son péché, ou baigné dans une eau purificatrice. Le vocabulaire courant est plein de ces images, comme le sont les mythes, l'art ou la littérature.

Divers auteurs [1], philosophes et psychanalystes insistent sur cet aspect créatif du sentiment de culpabilité dans la mesure où il s'assortit d'une juste conscience de la culpabilité et du lien à l'autre, celui que nous avons blessé ou celui qui nous a blessés. En effet, c'est de la conscience du lien et de la rupture que peut s'éveiller en nous l'éventualité du pardon, comme celle de la réparation possible ou impossible.

C'est sur une réflexion sur le vécu de culpabilité, sa justesse ou sa pathologie que peut se fonder l'analyse du besoin et du désir d'être pardonné (mais par qui ?), celle du sens d'un pardon que l'on pourrait ou que l'on ne peut ni ne veut s'accorder à soi-même ; l'analyse de

1. Paul Ricœur, Jean-Paul Sartre, Sören Kierkegaard, Louis Beirnaert, Nicole Jeammet.

notre réponse à la demande de pardon que nous adresse celui qui nous a nui ou nous a offensés, l'analyse aussi de notre attitude pardonnante ou non lorsque la blessure faite n'est pas reconnue par son auteur, et celle enfin de notre exigence, « Demande-moi pardon d'abord » pour que la relation se poursuive au-delà de l'acte ayant fait exploser l'amour et la confiance qui jusqu'alors l'avaient fondée. Et l'accession au pardon et à la demande de pardon dépend de la capacité à se reconnaître coupable ou en faute.

Le non-sens de la culpabilité

Le sentiment de culpabilité assorti d'une juste conscience, d'une saine évaluation de la responsabilité, est une condition, sinon *la* condition, de la capacité que nous avons de demander le pardon de nos fautes à ceux que nous avons blessés, d'entendre la demande de pardon qui peut nous être adressée par celui qui nous a blessés ou offensés, de nous pardonner à nous-mêmes, qui sommes parfois les juges les plus durs à notre propre égard.

Mais si le sentiment de culpabilité peut être déformé de manière pathologique, il peut aussi être étouffé, atrophié, absent en même temps que semble disparue (ou jamais émergée ?) la conscience de notre responsabilité dans un acte que nous jugerions mauvais. Le livre de Camus paru en 1942, *L'Étranger*, et qui devait être suivi d'autres ouvrages où se posait de manière différente ce même problème, nous éclairera.

Le récit est froid. Le héros, Meursault, apprend la mort de sa mère par un été brûlant à Alger. Celle-ci vivait dans un hospice de vieillards. Il va à ses obsèques et semble ne pas éprouver grand-chose si ce n'est une sorte d'étonnement et d'inadaptation. Quand il revient, il retrouve une amie, ils vont à la plage, nagent et font l'amour, toujours dans la même absence affective. De manière imprévue, Meursault est témoin d'un règlement de comptes entre un de ses amis et un Arabe qu'il ne connaît pas. Retrouvant quelques heures plus tard l'Arabe sur la plage, comme il a sur lui l'arme de son ami, il tire une balle, puis quatre autres. À ce meurtre, il demeure aussi étranger qu'à la mort de sa mère. Bien entendu, Meursault est arrêté, emprisonné, jugé. Les rencontres avec le juge sont décrites elles aussi avec minutie et froideur. Le juge pose des questions pour lesquelles il obtient des réponses précises, factuelles. Jamais d'affect. Le juge voudrait comprendre cet homme qu'il doit juger. « Il s'est penché un peu vers moi avec un air étrange, dit le narrateur. “Pourquoi, pourquoi avez-vous tiré sur un corps à terre ?” Là encore, je n’ai pas su répondre. Le juge a passé ses mains sur son front et a répété sa question d’une voix un peu altérée : “Pourquoi ? Il faut que vous me le disiez. Pourquoi ?” Je me taisais toujours. »

Le juge voudrait voir Meursault se repentir. Brandissant un crucifix, il tente de parler du pardon que Dieu accorde à celui qui se repent. Meursault demeure étranger à ce discours tout en étant étonné de se penser « criminel », et en l’admettant malgré tout.

« Le juge s’est alors levé, comme s’il me signifiait que l’interrogatoire était terminé. Il m’a seulement demandé du même air un peu las si je regrettais mon acte. J’ai réfléchi et j’ai dit que, plutôt que du regret véritable, j’éprouvais un certain ennui. J’ai eu l’impression qu’il ne me comprenait pas. Mais ce jour-là les choses ne sont pas allées plus loin. »

Pendant onze mois les entretiens se poursuivent. Jusqu’au jour où le procès a enfin lieu. Il y sera à nouveau question du regret ou du remords qui seraient le signe d’un juste sentiment de culpabilité pour une faute objective reconnue. Mais l'étranger demeure étranger à lui-même, à son procès, à ses affects, à son histoire, à son acte. Il écoute, il aimerait expliquer qu'il n'a « jamais pu regretter vraiment quelque chose. J'étais toujours pris par ce qui allait arriver, par aujourd'hui ou par demain ». Comme s'il nous donnait ici une clé de son non-jugement, de son non-sentiment de culpabilité. Quand seul l'acte nous occupe, comment pourrions-nous penser, éprouver quelque chose qui suppose réflexion ? Même si, à son procès, il est seulement absorbé par ce qui se passe, par la chaleur ou par les mouches qui le gênent.

Le procureur insiste sur son absence totale d'affectivité (son comportement au moment de la mort de sa mère en est la preuve). « Il a dit enfin que son devoir était douloureux, mais qu'il l'accomplirait fermement. Il a déclaré que je n'avais rien à faire avec une société dont je méconnaissais les règles les plus essentielles et que je ne pouvais pas en appeler à ce cœur humain dont j'ignorais les réactions élémentaires. »

Meursault est donc condamné à la peine capitale. À l'aumônier qui vient le visiter en prison, il refuse tout, notamment la compassion qui lui est offerte. Il est évident qu'en rien il ne regrette son acte ni n'en attend le pardon. Suit un discours fou de colère et de violence où Meursault proclame l'absurdité de la vie (donc l'absurdité du remords ou du pardon) : « J'avais l'air d'avoir les mains vides. Mais j'étais sûr de moi, sûr de tout, plus sûr que lui, sûr de ma vie et de cette mort qui allait venir. Oui, je n'avais que cela. Mais du moins, je tenais cette vérité autant qu'elle me tenait. J'avais eu raison, j'avais encore raison, j'avais toujours raison. J'avais vécu de telle façon et j'aurais pu vivre de telle autre. J'avais fait ceci et je n'avais pas fait cela. Je n'avais pas fait telle chose alors que j'avais fait cette autre. Et après ? C'était comme si j'avais attendu pendant tout le temps cette minute et cette petite aube où je serais justifié. Rien, rien n'avait d'importance et je savais bien pourquoi. Lui aussi savait pourquoi. »

Après le départ de l'aumônier, Meursault s'endort et, lorsqu'il s'éveille, c'est le silence d'une nuit fraîche aux odeurs de terre et de sel.

« La merveilleuse paix de cet été endormi » le pénètre. Il pense à sa mère avec une certaine tendresse. Comme si sa terrible colère l'avait « purgé de tout mal », « vidé de tout espoir » et qu'il découvrait avoir été heureux et l'être de cette certitude absolue : celle de sa mort proche. L'affectivité lui est rendue avec une certaine paix. Mais la conscience de sa culpabilité et le sentiment de culpabilité lui demeurent étrangers, l'idée de pardon demandé ou donné aussi ; le seul affect qui pourrait s'y apparenter tient dans la formule « cette petite aube où je serais justifié ». Justifié, pas *pardonné*.

À ce problème de la culpabilité, Camus se confrontera encore dans son œuvre, notamment dans *La Chute* où le héros traite, avec un superbe mépris, l'acte dont très probablement il se fait reproche : n'avoir pas tenté de sauver une jeune femme inconnue qu'il a vue se jeter dans la Seine ; dans *Les Justes* où le problème de savoir si l'on est coupable du meurtre accompli au nom d'une idéologie à laquelle on adhère. Ici encore, il s'agit d'être justifié plutôt que pardonné. C'est dire que dans le monde de l'absurde que dénonce Camus, le problème est celui du sens et de la justesse, jamais du pardon d'une faute, le sentiment de faute, de culpabilité et dès lors de pardon étant étranger à cette lecture de la vie. Camus le déclare avec force dans *Le Mythe de Sisyphe* : « On voudrait faire reconnaître [à l'homme] sa culpabilité. Lui se sent innocent. À vrai dire il ne sent que cela, son innocence irréparable. C'est elle qui lui permet tout. »

C'est donc à la lumière d'une philosophie de l'homme et de la vie que chez Camus, du moins dans les œuvres auxquelles je me suis référée, la conscience d'une faute morale, et dès lors l'idée de pardon, sont impensables. En va-t-il de même pour les actes lourdement délictueux ou criminels que nous voyons relatés dans les faits divers de nos journaux, les comportements apparemment amoraux adoptés dans les procès par certains criminels, par les violeurs et les marchands d'enfants ? J'ai des difficultés à lire entre les lignes de ces récits l'expression d'une philosophie de l'absurde. Plus souvent, en revanche, j'ai le sentiment d'une grande pauvreté de pensée, d'une absence de réflexion morale où l'on se trouve bien en deçà du niveau que Jean Piaget, s'interrogeant au début du vingtième siècle sur le jugement moral chez l'enfant, attribuait même au très jeune enfant [1]. Comme si le désir entraînait alors une mise en acte immédiate, comme si le travail réflexif qui suppose un regard sur soi-même n'avait jamais été envisagé, comme si la référence à la loi, à une valeur, à un tiers qui les représenterait n'avait jamais été éduquée, comme si peut-être la parole avait fait défaut et que l'aspiration au sens et aux valeurs n'était jamais advenue. Dès lors, comment s'accuser, se reconnaître en faute, comment demander le pardon de celui à qui on a causé du tort, comment chercher le pardon de ceux qui dans la société ont fonction d'incarner la loi et de protéger à la fois les plus faibles et la société ? Comment attendre d'un dieu obscur le pardon de ce qui prendrait le visage d'une faute vis-à-vis de celui qui incarnerait la règle morale, puisque cette hypothèse même semble

1. Jean Piaget, *Le Jugement moral chez l'enfant*, PUF, 1992.

inaccessible et paraît relever de l'impensable à tous les niveaux ? Que de chemin il faudrait pouvoir parcourir pour entrer dans cette double conscience de la faute accomplie et du désir d'être pardonné ! Et pardonné par qui ?

Les travaux de Colette Fiatte concernant l'adolescent dyssocial gardent une grande actualité [1] quoique datant de bientôt vingt ans. Elle cite par exemple le cas de Paul qui répond avec une « désimplication » évidente au tribunal qui le juge ; « il est d'un calme plat, contemple avec flegme la situation » qu'il a créée et celle dans laquelle il se trouve. Chez les jeunes délinquants, le sentiment dominant est celui de la toute-puissance, celle que vit le bébé dans une illusion non encore évoluée ; « aucune remise en cause personnelle n'affleure, écrit Colette Fiatte, il n'a pas besoin d'aide psychologique. Ce sont les autres qui doivent changer et non lui. Il ne souhaite pas guérir mais recommencer ». Et si, incarcéré, il réfléchit sur sa vie, c'est toujours sur le moment

---

1. Colette Fiatte, *L'Adolescent dyssocial*
1987.

présent qu'il revient ; « ce n'est donc pas lui qui est mis en cause dans ce qui lui arrive : ce sont les éléments extérieurs à lui-même. Le hasard, la chance, la fatalité sont souvent évoqués ». Quelle place y aurait-il alors pour un sentiment de culpabilité fondé sur une conscience juste du mal accompli ? Et, partant, pour une démarche de quête d'un pardon ? Ce n'est pas le pardon qu'il cherche ou espère, seulement la clémence des juges. En fonction de cette attente, « selon l'idée [que le jeune délinquant] se fait de l'interlocuteur, idée bien souvent perspicace, il joue le gentil garçon repentant ou la victime soumise et incomprise ». S'il réussit à obtenir la clémence, il ne l'entend pas comme un pardon accordé pour sa faute, mais comme le résultat de sa toute-puissance sur un adulte faible ou sot. Un adulte à sa merci.

Il arrive cependant qu'une ébauche de sentiment de culpabilité se manifeste. C'est du moins une lecture possible lorsque, à la suite d'un délit mineur non puni, advient un délit majeur et provocateur, un délit qui, cette fois, entraînera la punition. Mais ici encore nous sommes dans une telle pauvreté qu'avec Colette Fiatte je suis portée à entendre en premier lieu qu'« il faut payer » pour l'acte réprouvé. Ainsi on sera quittes. À moins qu'il ne s'agisse d'une escalade dans l'omnipotence, avec le désir de se prouver et de prouver qu'on peut aller encore plus loin dans le « risque-tout ». On voit à quel point on est ici loin de toute idée de pardon puisque la gravité de l'acte, dans le meilleur des cas, n'entraînera qu'un comportement du donnant-donnant, œil pour œil, dent pour dent ; l'attente d'une justice libératrice, après quoi, dans la mesure où on est quittes, tout peut recommencer sans fin.

Le travail de l'éducateur qui souhaite dépasser ce niveau d'évaluation de l'acte est d'offrir un miroir où se refléteraient l'acte délictueux, la victime, le jeune délinquant, le représentant de la loi, la valeur. La réflexion en groupe, la thérapie de groupe quand elle est acceptée, la psychothérapie individuelle quand elle est décidée, par le biais de la parole qui nomme, tranche, avance, peuvent jouer ce rôle d'éveil. Il n'est que de lire les comptes rendus d'éducateurs travaillant en milieu ouvert ou en milieu carcéral, ou encore de se reporter à la très belle analyse d'un meurtrier présentée par Gérard Bonnet[1] pour se convaincre que ce déplacement est possible. Lorsque l'évidence du chemin parcouru se dessine, marquée par la conscience de la responsabilité personnelle, par la prise de conscience du sens de l'acte qui un jour a eu lieu, son inscription dans une histoire, il peut arriver que le remords enfin s'éveille et qu'avec les affects retrouvés un besoin d'être pardonné se fasse jour, parfois doublé du désir de pardonner à ceux qui vous ont jadis blessé.

Le juge pour enfants m'envoie Jules pour une psychothérapie. Ce garçon de quatorze ans a agressé sexuellement une fillette dans l'ascenseur de la maison bourgeoise où il habite. Le fait a été suffisamment grave pour entraîner une action judiciaire. La famille semble bien structurée ; les parents affirment leurs valeurs chrétiennes, leur respect de l'homme et de la loi. Ils ne comprennent rien à ce qui s'est passé

1. Gérard Bonnet, *Le Remords, Psychanalyse d'un meurtrier*, PUF, 2000.

et jugent leur fils avec grande sévérité. Ils ont accepté à contrecœur l'exigence du juge concernant la consultation d'un psychologue et la nécessité d'une psychothérapie. Quant à Jules, il s'y plie sans rien comprendre, apparemment. J'ai la désagréable impression que, même si on sait parler dans cette famille, on ne sait pas parler vrai. On ne sait pas écouter. Les silences me paraissent aussi pauvres que les paroles dites. Jules est replié sur lui, comme ratatiné ; sans mots. J'imagine mal dans ce garçon maigrichon et voûté le conquérant qui a violé ou tenté de violer sa petite voisine. J'ai beaucoup de difficulté à l'aider à exprimer ses sentiments qui semblent pendant plusieurs séances n'être que la peur, la honte et la stupéfaction. Viennent ensuite les reproches : « Elle avait qu'à pas être là. » Il ne s'en veut pas à lui-même, mais il en veut à la fillette. Et à ses parents qui ne lui parlent plus. Et à ses sœurs qui ne veulent pas le voir et lui « font les cornes » au coin des couloirs de l'appartement. Comme je l'incite à me parler de ses sœurs et de la vie à la maison, peu à peu le sens de son acte apparaît : les sœurs, par leur comportement antérieur, ont provoqué chez lui une excitation extrême, un désir de savoir, de voir et de toucher dans un climat de gestes interdits, de paroles impossibles, là où les mots et les échanges nécessaires étaient tout simplement impensables. Brutalement, c'est la prise de conscience : « Je lui ai fait ce que j'aurais voulu faire à mes sœurs ! » ; puis, pauvrement exprimé : « Je me suis trompé » ; puis, un peu mieux : « J'aurais dû lui demander la permission, quand même » ; puis un vrai : « J'ai honte » ; puis : « On m'a dit : C'est impardonnable… Est-ce qu'elle voudra bien me pardonner si je lui explique ? » assorti de : « Et vous, vous me pardonneriez ? »

Il faudrait enfin parler des témoignages lors des procès concernant des crimes contre l'humanité. Des témoignages et, plus précisément, des interrogatoires, plus encore des réponses des accusés à leurs juges ou face aux victimes qui n'étaient pas mortes dans les camps ou les prisons, sous la torture ou dans l'horreur qui leur avait été infligée. Chacun a en mémoire ces procès de criminels nazis, et bien d'autres, plus récents, en Europe, en Algérie et ailleurs. On se souvient aussi des récits, mémoires ou confessions qui ont été publiés, où jamais ne transparaît un remords ni, bien entendu, une demande de pardon, ou l'aveu « Je suis impardonnable, c'est pourquoi je ne demande pas de pardon ».

Le roman de Robert Merle, paru en 1952, *La mort est mon métier*, retrace la vie de son héros narrateur à partir de l'étude de dossiers de criminels nazis. Il raconte avec minutie le chemin de ce jeune homme faible et rigide qui, pris dans l'univers des SS, se soumet sans réflexion et sans résistance à toutes les exigences de son chef. C'est ainsi que son « métier » devient de tuer le plus grand nombre possible de déportés dans les conditions les plus économiques et les plus efficaces possibles. À la fin du récit, l'épouse, ayant surpris une conversation entre son mari et un autre officier SS, prend conscience de ce qu'elle n'avait jamais compris ni imaginé. Le dialogue qui suit est dramatique. Après avoir nié qu'il gaze tous les prisonniers avant de les faire brûler, une exclamation lui échappe : « Si tu crois que j'aime ça ! » Il est aussitôt « submergé » par un flot de honte. « J'avais trahi le Reichsführer. J'avais révélé à ma femme un secret d'État. » La culpabilité est bien là. Mais elle concerne le lien au chef, le secret d'État monstrueux qui vient d'être trahi. Le sentiment de faute ne concerne pas l'acte monstrueux mais la trahison. La discussion se poursuit. Elsie, l'épouse, dit : « Il fallait refuser d'obéir. » Cette seule éventualité est impensable. L'honneur du soldat, c'est d'obéir au chef : « Tout ce que je fais dans le camp, je le fais par ordre ! Je n'en suis pas responsable. – C'est toi qui le fais », reprend Elsie. « Tu ne comprends pas, Elsie. Je ne suis qu'un rouage, rien de plus. Dans l'armée, quand un chef donne un ordre, c'est lui qui est responsable, lui seul. Si l'ordre est mauvais, c'est le chef qu'on punit, jamais l'exécutant. » Elsie pousse son mari dans ses retranchements : « Si le Reichsführer te disait de tuer Franz [leur enfant], tu le ferais ! » Et le héros narrateur d'avouer : « Je jure que je voulais répondre : "Naturellement pas" […] et au lieu de cela les mots s'étouffèrent brusquement dans ma gorge et je dis : "Naturellement." »

Le désespoir du héros narrateur viendra plus

tard, quand il apprendra que le Reichsführer s'est suicidé, donc qu'il le laisse seul assumer ses actes. Ce n'est pas la perspective d'être pendu qui le rend fou, ce n'est pas le remords de l'horreur des actes accomplis dont il prendrait brutalement conscience. C'est l'idée que son chef s'est défilé : « Il s'est défilé, lui que je respectais comme un père ! » Pas de remords, pas de demande de pardon pour tant d'hommes assassinés par ses soins. Seulement la révolte contre le père qui faisait loi et qui a été parjure. La seule faute eût été de lui désobéir (à lui peut-être il eût fallu demander pardon de l'avoir trahi). Mais on voit bien qu'on est loin ici de la conscience d'une culpabilité liée à un acte criminel, dès lors très loin du problème du pardon. Si loin que Lang ne se pose pas davantage la question du pardon qu'il pourrait ou non accorder au chef qui l'a trahi.

Se juger impardonnable

Je viens d'évoquer des situations dans lesquelles il semble que le sentiment de culpabilité soit ignoré, absent, inconnu de l'auteur de l'acte. Situations souvent extrêmes comme dans le cas du meurtrier décrit par Camus, ou de Lang, responsable de crimes contre l'humanité. Situation plus banale des adolescents étrangers aux valeurs qu'ils sont en train de bousculer, de bafouer. « Moi, coupable ? Qu'est-ce que ça veut dire ? » pourraient-ils s'exclamer.

En revanche, qui de nous n'a entendu ou prononcé les mots d'une angoisse profonde, celle d'être en faute et de plus impardonnable : « Je m'en veux de n'avoir rien compris, et maintenant, c'est trop tard, je suis impardonnable ! » ; « Je ne me pardonnerai jamais d'être sortie ce soir-là et c'est à ce moment-là que ma mère est morte » ; « J'ai vraiment tout raté, tout est ma faute, je suis impardonnable ! » ; « Cet accident, c'était une faute, j'allais trop vite, maintenant le petit est mort, jamais je ne pourrai me le pardonner ».

Être impardonnable, ne pas concevoir que qui que ce soit puisse nous pardonner et, bien entendu, ne pas se pardonner à soi-même, se juger hors pardon possible fait référence à la fois à l'acte accompli lui-même, au temps qui, irréversible, le signe et le marque de l'indéniable et de l'irréparable, et à la valeur au nom de laquelle nous nous jugeons impardonnables. Les concepts de Freud concernant le surmoi, le moi idéal, l'idéal du moi, peuvent éclairer notre réflexion ; ces concepts qui ne se recouvrent pas mais qui s'articulent. On se souvient que, pour Freud, le surmoi, inconscient et actif en nous, s'est formé et forgé de l'exigence parentale elle-même héritière des exigences des grands-parents et arrière-grands-parents. Une exigence pesante qui, si nous ne nous y soumettons pas, nous tourmente et nous fait nous ressentir et nous déclarer coupables, bien souvent impardonnables. L'exigence est porteuse de menaces plus ou moins obscures qui président souvent à des comportements magiques pour échapper à la punition méritée. Mais surtout, elle concerne un monde d'interdits en même temps que d'injonctions. On pourrait dire que ces interdits et ces injonctions ont, par exemple, été formulés dans le monde judéo-chrétien par les commandements de Dieu issus des tables de la Loi. Si bon nombre d'entre eux ne sont plus reliés à leur origine religieuse, ils n'en demeurent pas moins présents dans nos sociétés.

Ces interdits, ces injonctions, sont créateurs de valeurs en même temps qu'ils s'y réfèrent. « Tu ne tueras pas » est un ordre précis. En même temps, cet ordre signifie que la vie est sacrée, et qu'il y a là l'expression d'une valeur à laquelle nous sommes invités à adhérer. Invités ou sommés de le faire ?

Passant à un niveau plus conscient, même si nous ignorons les sources inconscientes que représente le poids éducatif et moral de nos parents, nous nous forgeons un moi idéal, image de ce que nous désirons et voulons être.

Ce moi idéal peut être en accord absolu avec ce qui a présidé à la constitution du surmoi. Nous nous en trouvons renforcés. Parfois aussi encore plus écrasés. Mais nous pouvons aussi le forger en opposition avec ce que l'éducation de nos parents nous a enseigné, et que le passage de l'adolescence bouleverse parfois de manière durable. Ce moi idéal que nous avons projeté en avant de nous s'enrichit de l'idéal que nous nous donnons, que nous assignons au moi.

Ainsi Melina : sa famille, d'origine paysanne, lui a livré des valeurs de sérieux, d'honnêteté, de respect des autres, confortées par la foi religieuse qui l'habite. Melina adolescente a emboîté le pas à ces propositions qui lui semblaient évidentes, satisfaisantes, la gouvernant sans qu'elle en souffre. Bien plus, elle se sentait en sécurité, rassurée par ce cadre. Et il lui a semblé bon, idéal, d'être fidèle, même dans sa vie citadine et ses choix professionnels, à ce qu'étaient ses parents. Son idéal de vie est d'être respectueuse des valeurs de sérieux et d'honnêteté dans lesquelles elle a toujours vécu. Le respect des autres quoi qu'il arrive et le respect de la vie sont son idéal de vie d'une manière telle qu'elle s'engage dans des actions humanitaires et dans un métier qui y fait place. Il est possible que tout cela soit cohérent et tienne bon à travers les expériences de vie auxquelles elle sera confrontée. Mais dans quel chaos risque-t-elle de se trouver si, par un dérapage, elle glisse à côté de ce que jusqu'ici elle avait toujours jugé impensable pour elle ? À quel désarroi devra-t-elle faire face si, à la suite d'un égarement toujours possible, elle est emportée par une haine violente envers ceux qui font du mal autour d'eux ? par un amour impossible d'où suit un début de grossesse imprévu dont elle envisage l'interruption ? par un viol qui bouleverse sa vie affective, sociale, ses croyances, ses illusions, ses idéaux jusqu'ici jamais mis en doute ? Il est possible qu'elle fasse un choix, qu'elle prenne alors une décision à la suite desquels elle se reprochera sans fin l'acte passé, ce qui l'a précédé et qui l'y a conduite : elle se jugera profondément impardonnable.

Une intransigeance aussi grande a inspiré à Kierkegaard une réflexion d'une grande sévérité.

Il opère un déplacement intéressant de la faute. Pour lui, celui qui se juge impardonnable fait en réalité preuve d'un orgueil redoutable et c'est là sa faute la plus grave. Voici un homme, dit Kierkegaard, dans le *Traité du désespoir*, qui se repent amèrement d'une grave chute ou rechute morale : « Jamais je ne me le pardonnerai », dit-il. « Jamais il ne se le pardonnera… Mais si Dieu alors voulait le faire, aurait-il la méchanceté, lui-même, de ne pas se pardonner ? » Et Kierkegaard insiste sur le fait qu'il y a dans l'attitude de celui qui se juge impardonnable un péché de manque de confiance en l'amour de Dieu, un péché d'orgueil. Cet homme est blessé dans son amour-propre beaucoup plus que dans son désir du bien, conclut Kierkegaard.

Edmée a quarante ans. Elle est veuve depuis plusieurs années. Elle mène une vie sérieuse, généreuse. Tout son temps, elle considère qu'elle le doit à ses deux enfants, à ses parents et beaux-parents, à ses œuvres caritatives. Puisque Dieu a voulu pour elle cette épreuve, elle doit faire le sacrifice de son bonheur. Mais voici qu'un jour de printemps, Edmée sent renaître en elle un désir ardent d'aimer et d'être aimée. Un de ses amis lui est très présent, si présent et affectueux qu'une idylle amoureuse se dessine et que finalement ils se retrouvent avec bonheur dans le même lit. Bonheur de courte durée pour Edmée qui juge qu'elle a gravement péché. Comme si elle avait trompé le mari défunt. Peut-être plus encore comme si elle avait trahi Dieu lui-même en oubliant qu'elle avait fait le sacrifice de son bonheur. Et puis, ces relations sexuelles hors mariage sont gravement pécheresses, surtout à l'époque où se situe ce petit drame (au milieu du vingtième siècle !). Edmée, aux prises avec ce tourment, va se confesser, énonce sa faute et en exprime toute la gravité. Elle qui se juge impardonnable mais qui vient néanmoins chercher une absolution s'entend dire alors que sa faute est pardonnable. Du reste, n'est-elle pas là pour demander son pardon à Dieu ? Edmée proteste (du moins c'est ce qu'elle racontera plus tard). Dieu, peut-être, lui pardonnera. Il n'en demeure pas moins qu'elle, elle ne se pardonnera jamais car à ses yeux et aux yeux de tous, selon elle, elle a accompli l'impardonnable ; le prêtre tente alors (comme Kierkegaard !) de l'amener à s'intéresser à l'orgueil de son attitude plutôt qu'à ses égarements amoureux. Edmée est si scandalisée, si courroucée, qu'elle rompt avec le confesseur, avec l'Église catholique dans son ensemble, avec sa pratique religieuse jusqu'alors jamais ébranlée et qu'elle se forge une attitude plus dure que jamais, regrettant sa faute impardonnable mais probablement aussi la chérissant.

De cette aventure brève et de sa terrible sévérité envers elle-même, elle tire et cultive une attitude de juge implacable. Notamment à l'égard des femmes infidèles ou légères. Qu'Edmée se soit jugée impardonnable l'a figée dans un monde d'où tout pardon est exclu. Le bénéfice qu'elle tire de tant de dureté est l'idéalisation croissante dans laquelle elle se tient, idéalisation orgueilleuse où tel un phare elle espère éclairer le monde. Bien des années plus tard, elle pourra analyser la violence qu'elle s'est faite et qu'elle a infligée aux autres. Elle comprendra pourquoi les seules photos qu'elle aimait à mettre sur ses murs représentaient le phare dans la nuit, l'arête montagneuse, le désert infini. « C'était moi partout, et maintenant je voudrais trouver ou retrouver une source... même infime... dans mon monde sec. » Edmée cherche le moyen de casser la carapace qu'elle s'est orgueilleusement construite et dont elle reconnaît maintenant que, par son refus de se juger pardonnable, elle lui donnait l'extrême plaisir d'une fierté.

Ce n'est pas le cas de Rose. Encore un égarement affectif et sexuel. Mais dont le vécu est bien différent. Bien différent aussi le sentiment qu'elle est impardonnable, que sa faute la marque à tout jamais. Rose, jeune mariée et alors que le couple avait déjà son premier enfant, a éprouvé une passion amoureuse très vive envers un collègue. Les deux amants ont été séparés par la mort accidentelle de l'homme et Rose est demeurée avec son mari, enceinte de l'ami perdu. Le couple a poursuivi sa vie, le mari s'est vécu père des deux enfants et a déclaré que cette petite fille était la sienne au même titre que l'aîné puisqu'elle était née à son foyer. Quant aux égarements de Rose, il les avait pardonnés. Ils avaient pleuré ensemble l'ami mort et Rose aurait pu vivre en paix. Or, trente ans plus tard, Rose demeure tourmentée, jugeant sa faute impardonnable. Elle ne cesse de déclarer sa certitude qu'elle est impardonnable : à son mari, aux prêtres, aux amis qui partagent son secret, à son analyste. Je lui propose d'essayer de comprendre ce que lui apporte cette position inébranlable. Elle en vient à se dire que de juger la faute impardonnable la ramène au temps précis de la liaison passionnée contre laquelle elle a tenté de lutter mais qui n'a pu se résoudre que par la mort brutale de l'aimé. S'affirmer coupable et impardonnable, c'est-à-dire se situer au niveau le plus intense de sa culpabilité, c'est abolir le fait que le temps a passé. Car alors elle se trouve encore dans l'instant où la relation dont est née la petite fille était actuelle. Une situation encore vivante puisque la brûlure en demeure si vivace. Rien ne peut être effacé, et Rose refuse tout pardon comme si le pardon était effacement, abolition de l'acte. Alors même que son mari dit aimer la petite Clémence comme son autre enfant, parce qu'il la considère comme sa fille, au moment où il dit : « Je sais bien mais tout est bien comme ça », Rose entend : « Tout cela, c'est du passé. C'est pardonné depuis longtemps. C'est effacé par la vie qui a suivi. » Elle pourrait percevoir que pardonner et se pardonner ne revient pas à tuer une deuxième fois, à annuler ce qui a été, mais à le prendre en charge, à faire que la vie confirme et enrichisse ce qui fut sa faute ; elle pourrait, s'acceptant pardonnée et se pardonnant, reconnaître à cette passion tôt brisée par la mort des conséquences non prévues mais humainement fécondes. Rien de tout cela n'est possible car sa revendication est celle du maintien du caractère exceptionnel de sa faute déclarée impardonnable.

S'estimer impardonnable revient à clamer que sa passion fut exceptionnelle ; la petite Clémence par sa vie confirme la même chose sans le savoir, du moins sans que jamais on ait eu conscience de le lui faire savoir ; tout le vécu, le comportement, les affirmations de Rose mériteraient une traduction. Au lieu d'entendre : « Je suis à tout jamais impardonnable », il faudrait entendre : « Je suis à tout jamais attachée à cet homme que j'ai aimé passionnément et je veux continuer à l'aimer ainsi. »

Quand Rose, qui est catholique, dit au cours de la messe les prières concernant l'état de pécheur de chacun des participants, c'est avec conviction, et peut-être avec un certain bonheur, qu'elle prononce la phrase : « J'ai péché en parole, en pensée, par action et par omission. » Sa vie tout entière est contenue dans ces mots, et les appels au pardon de Dieu – « Je ne suis pas digne de te recevoir mais dis une seule parole et je serai guérie » – ne sont pas convaincus puisqu'une sorte d'axiome au fond d'elle-même les précède et les annule : « De toute façon, si cette parole doit me guérir de cet amour passé-présent, je ne peux l'accueillir. » Donc elle ne saurait exister !

On peut finalement se demander si Rose, comme Edmée, ne se veut pas plus forte que son dieu, que la vie et la mort : « Ce qui a été, j'en demeure propriétaire et maîtresse. Je décide que, me déclarant impardonnable, je suis plus forte que la mort elle-même qui est un jour entrée dans le réel de ma vie. »

Kierkegaard parlait de l'orgueil qui préside à l'idée d'être impardonnable. Edmée m'en semblait un exemple juste et je pensais initialement que chez Rose il n'y avait rien de tel. Mais voici qu'à l'analyse revient insidieusement ce goût de la toute-puissance par laquelle Rose, refusant tout pardon, garde intact ou a l'illusion de garder intact ce qu'elle veut toujours présent. Par son affirmation, Rose annule la réalité du temps et le bon vouloir de son entourage d'aujourd'hui.

Ainsi semble-t-elle ne pas entrer dans le champ de la riche étude de Jacques Pohier sur le sentiment de culpabilité du chrétien et plus précisément du catholique[1]. Je n'en retiendrai qu'un fragment, celui qu'on pourrait intituler sa « bizarre Semaine sainte[2] ». L'auteur raconte comment, alors qu'il est prêtre dominicain et célèbre une messe en province lors de la Semaine sainte, il s'avise « progressivement et par touches isolées du nombre étonnant de prières qui s'adressent à Dieu en s'empressant

1. Jacques Pohier, *Dieu fractures*, Seuil, 1985.

2. Semaine qui inclut le Jeudi saint, célébration de l'institution de l'Eucharistie, le Vendredi saint, rappel de la mort du Christ, et le dimanche de Pâques, qui célèbre la résurrection du Christ.

de mettre au premier plan une situation de rupture entre Dieu et l'homme ». Il s'arrête sur diverses formules qui maintenant lui confirment qu'il y a là comme une évidence que « les humains auraient par hypothèse blessé ou contrarié Dieu et qu'ils mériteraient par hypothèse son châtiment ». Ainsi : « épargne-nous », « suspends ta colère », « prends pitié », « ne retiens pas nos fautes ».

Jacques Pohier s'interroge alors longuement sur le pourquoi de cette insistance et il compare cette attitude avec celle décrite par Conrad Stein dans *L'Enfant imaginaire*[1] : le patient selon Conrad Stein fait tout ce qu'il peut dans sa relation à l'analyste pour se faire reconnaître comme mauvais, coupable. Car alors il pourra se reconnaître lui-même comme sujet. Un peu comme les enfants terribles qui accumulent mille sottises pour s'assurer de l'amour de leur mère. Ce que je pourrais traduire, dans un léger déplacement vers ce que je cherche à décrire et à analyser dans ces pages : « Je suis détestable,

1. Conrad Stein, *L'Enfant imaginaire*, Denoël, 1987.

impardonnable. Seule ma mère peut me pardonner ! Et si elle me pardonne, c'est qu'elle m'aime. » Il s'agit, dit encore Pohier, « de la blessure qu'on inflige par sa faute à celui dont on revendique l'amour et du statut qu'on s'assure en obtenant son pardon ».

Ainsi, m'installer dans ce registre de l'impardonnable qui pourtant pourrait être pardonné par Dieu me conforte dans une relation d'amour assuré. Et Pohier cite sa lecture de la parabole du fils prodigue que par la suite l'Église catholique a préféré intituler la parabole du père miséricordieux. Ce fils prodigue a fait tout ce qu'il fallait pour finalement un jour se reconnaître coupable, voire impardonnable. Et quand il se présente à son père qui lui ouvre les bras et l'accueille dans la maison qu'il avait désertée, il se sait pour toujours aimé puisque pardonné, et restauré dans sa dignité.

Rose semble avoir désiré l'amour de l'amant mort davantage que l'amour de qui que ce soit d'autre. Edmée semble avoir été plus sûre de son jugement que du jugement de quiconque. Pour l'une et l'autre, même Dieu ne pouvait leur pardonner ce qu'elles ne voulaient pas se pardonner.

Chaque fois que nous adoptons une telle attitude, il m'apparaît que nous prenons toutes les places. Je suis l'offenseur ou le pécheur, je suis l'offensé, je suis le garant de la valeur, de la vérité, je suis le juge absolu. Même si je me vis totalement impuissante, je suis dans la toute-puissance.

Il me faut ajouter autre chose encore. Un élément me frappe dans les deux exemples que j'ai choisis, c'est le rapport au temps à travers la mort de l'aimé, qu'il s'agisse de l'époux d'Edmée ou de l'amant de Rose. Le caractère irréversible du temps, l'impossibilité de revenir en arrière, de changer quelque chose à la réalité de l'événement qui a marqué de son sceau la vie participe de l'intensité du sentiment de l'irréparable qui devient vite de l'impardonnable. C'est ce que nous observons dans bien des deuils, et qui rend parfois le deuil si difficile.

Cette femme que j'appellerai Ophélie pleure sans fin sa mère morte. Elle se rappelle combien elle a été dure avec elle, combien elle l'a rejetée, jusqu'à lui renvoyer ses cadeaux, combien elle a repoussé ses demandes. Ophélie se rappelle les reproches qu'elle faisait à sa mère : « Tu t'écoutes trop », « Tu ne penses qu'à toi », « Tu m'étouffes », « Tu es toujours sur mon dos ». Elle ne peut oublier cet appel téléphonique de sa mère un soir : « Je suis mal, viens » dont elle n'a pas tenu compte. « Deux jours plus tard, des voisins l'ont retrouvée morte. » Morte de la crise cardiaque qu'elle annonçait. Impossible maintenant de revenir en arrière. Impossible de redistribuer les cartes. Impossible de demander pardon, de s'expliquer, de réparer. Son remords est juste : « Elle m'a appelée, j'ai été dure, je ne suis pas venue, et elle est morte, seule. » Comment de ce remords juste, du sentiment d'impardonnable dans lequel elle vit, pourra-t-elle passer à un apaisement ? Sûrement pas en oubliant ou en s'efforçant d'oublier. Pas davantage en ressassant ce qui fut, ce qui aurait pu être et n'a pas été. Mais probablement en cherchant à se comprendre mieux en deçà de l'événement qui aujourd'hui la paralyse et la fascine. À se comprendre mieux dans son aujourd'hui, en vue d'un lendemain meilleur avec d'autres et avec elle-même.

L'aveu

Le mot « pardon » est au cœur de ces pages, dès le début. Dès avant même le début. Et chaque fois que je le prononce ou l'écris, je bute sur une difficulté : de quel pardon s'agit-il ? De celui que je demande pour un acte dont je suis et me reconnais coupable, ce qui suppose que je m'adresse à quelqu'un qui a capacité de me pardonner ? S'agit-il du pardon que celui qui m'a fait du mal me demande de lui accorder et que je suis libre de donner ou de refuser ? S'agit-il d'un pardon que nul ne me demande d'accorder et que pourtant, au plus intime de moi-même, je me suis invitée à donner et peut-être me refuse à donner ? Mais pourquoi, comment ? Quel est le sens de cette pression en moi-même ? Quel en serait le sens plus large ? Peut-il s'agir enfin d'un pardon tout aussi secret, celui que je m'accorderais à moi-même pour un acte que j'ai commis et que je réprouve ? Quel est alors le sens de ce désir, quel est le sens de ce refus, de cette impuissance à me pardonner ? celui du désespoir ou de la fierté qui parfois en découlent ?

Toutes ces questions en éveillent d'autres, s'entrechoquent, s'éclairent mutuellement, et parfois aussi soulignent des lieux d'obscurité que je désire explorer sans toujours espérer parvenir à résoudre ma difficulté. Je me demande alors quels seront les repères qui m'aideront à marquer le chemin dans la forêt sombre où j'avance. Et, puisque je me suis engagée sur la voie des mots, je pense qu'il y a là une indication !

Le mot « pardon » m'est apparu en effet porteur de sens divers selon la direction que je lui imprime, riche de ces vecteurs qui peut-être traceront un espace, celui du monde où nous nous sommes découverts capables de nommer le pardon dans son double lien au sentiment de culpabilité et à la reconnaissance de la faute. La reconnaissance de la faute suppose la nomination. Pouvoir nommer ma faute, ses conséquences, mes sentiments, mon regret me permettent au plus intime de me reconnaître ou non responsable et de me poser la question de la réparation possible ou impossible. Nommer ma faute, c'est rendre possibles d'autres nominations : je vais désigner celui que je juge habilité à me pardonner si je souhaite ou simplement désire m'entendre dire que je suis pardonné. Peut-être aussi serai-je conduit à me dire que nul n'est habilité à me pardonner, pas même l'offensé, parce que je me juge impardonnable. Dans tous les cas, c'est par la parole pensée ou prononcée que je pourrai progresser.

Jean Delumeau nous a offert de remarquables études sur le sentiment de culpabilité en Occident, qu'il s'agisse de la culpabilisation qui a sévi du treizième au dix-huitième siècle [1] ou de la quête du pardon à travers l'aveu au cours de la même période [2]. Certes il s'agit d'un

---

1. Jean Delumeau, *Le Péché et la Peur, La culpabilisation en Occident (XIIIe-XVIIIe siècle)*, Fayard, 1983.

2. Jean Delumeau, *L'Aveu et le Pardon, Les difficultés de la confession (XIIIe-XVIIIe siècle)*, Fayard, 1991.

temps révolu. Mais nous savons bien que nous demeurons longtemps marqués par ce qui nous a précédés. Les études des psychanalystes, des psychologues, des sociologues convergent pour dire que nous sommes largement tributaires de fautes de nos aïeux, même lorsque nous les ignorons. Et nous savons aussi que le surmoi qui pèse sur nous s'est constitué à notre insu des valeurs, des récits, des exigences de ceux qui nous ont précédés. Les citations diverses de Jean Delumeau sont riches. Et je ne puis m'empêcher de penser au poids qu'a représenté la peur de l'enfer brandie par des religieux, heureusement équilibrée par les conseils de quelques confesseurs chez qui dominaient bon sens et amour.

Ainsi Guy de Montrocher, vers 1330, considère le confesseur « comme un médecin spirituel qui accueille un malade de l'âme ». Il doit « compatir à sa souffrance », « s'adapter à son patient ». « Il ne regarde pas en face le pénitent de façon que celui-ci soit plus enhardi à se confesser ». Car la confession implique l'aveu, c'est-à-dire la nomination de l'acte pécheur. Et c'est ici que réapparaît le rôle de la parole.

Cette nomination fait de l'acte avoué un acte banal, le nom étant par nature un nom commun.

Jean Delumeau insiste sur les conseils donnés aux confesseurs par quelques sages religieux à partir du moment, vers le douzième siècle, où l'aveu explicite du péché a été exigé dans une bonne confession pour que s'ensuive le pardon de Dieu par l'entremise du prêtre. François Xavier, en 1549, et Pierre Milhard, bénédictin gascon en 1602, recommandent de ne pas presser celui qui tente sans y parvenir de dire son péché. Pas de commentaires, ni de « signes d'étonnement », ni de « soupirs », mais plutôt un « visage plein d'amour et de compassion pour encourager l'âme dans cet enfantement [1] ». Un exemple savoureux est emprunté par Jean Delumeau à Philippe d'Outreman. Il faut « interroger le pécheur en citant les plus horribles choses que l'on puisse commettre ». Et le pécheur qui a entendu nommer son péché : « Ah ! dit-il, le voylà, le voylà ce maudit péché que je n'ose dire ! – O !

1. Cité par Jean Delumeau, *ibid.*

dit le père, j'en ay de bien plus gros dans mon livre. J'ay moyen de vous absoudre de celuy-ci et de mille autres plus griefs. Et pour celuy-là, le voylà maintenant confessé ; il ne reste plus qu'à dire les autres. » Ainsi l'aveu est-il facilité...

Il en va souvent de même en psychanalyse, même si le but n'est pas le même. Objectif spirituel, acte religieux pour le pénitent qui se confesse. Objectif de soulagement, de compréhension de soi par soi pour l'analysant. Et pourtant, chez l'un et l'autre, le sentiment qu'il s'agit souvent d'un aveu (aveu de péché, de faute, ou de folie) en vue d'un mieux-être et d'un changement. Parler de sa douleur, de son trouble, de sa faute, c'est-à-dire trouver les mots de tout le monde pour dire ce qui paraissait si particulier, si unique, si étranger, rend l'acte ou la pensée dont on parle communs. Et le sentiment du pathologique devient mise en évidence d'une difficulté ou d'un problème à résoudre. L'aveu banalisant l'acte ou la pensée rend possible la réflexion, humanise ce qui paraissait monstrueux ou diabolique.

Lorsque je rencontre un enfant en vue d'une

psychothérapie, je me présente [1]. Je dis que je suis une « dame pour les ennuis », qu'il y a des ennuis qui font beaucoup souffrir, ou qui font honte, ou qu'on n'ose pas dire. « Par exemple, il y a des enfants qui se mettent tout le temps en colère, d'autres qui ne veulent jamais obéir, d'autres qui font pipi au lit, d'autres qui ont tout le temps envie de prendre ce qui n'est pas à eux, même s'ils sont décidés à ne pas faire tout ça, etc. » Bien souvent, l'enfant arrête mon énumération : « Moi, je suis juste comme celui-là ! » Alors nous pouvons parler de sa souffrance ou de ce qu'il vit comme sa faute.

Pedro, à dix ans, a inventé aussi un mode d'aveu. Il n'a pas réagi comme d'autres enfants, en disant : « Moi, je suis juste comme celui-là. » Mais après quelques séances où il a peu parlé et surtout dessiné, il s'installe dans un fauteuil, le fait tourner de telle sorte qu'il me tourne le dos, et m'interroge (inversant le processus cité par Delumeau) : « Vous en connaissez, vous, des garçons qui se servent dans le

1. Nicole Fabre, *Le Travail de l'imaginaire en psychothérapie de l'enfant*, Dunod, 1998.

porte-monnaie de leur mère ? Vous en connaissez, vous, des garçons, des fois, qui volent ? Vous le dites, vous, s'ils vous l'ont dit ? C'est top secret ? Hé ben, moi, je vais vous le dire... moi, ça m'est arrivé... moi, ça m'arrive... »

En ce qui concerne l'aveu tel que la religion catholique l'a codifié ou exigé dans les siècles passés, il apparaît que plus l'accent est mis sur la peur de l'enfer, plus l'aveu semble mécanisé et plus la demande, ou l'attente de pardon paraît loin du désir de renouer une relation – supposée rompue – à Dieu et aux hommes. Plus l'accent est mis sur l'amour et le désir d'être dans l'amour, plus l'aveu nourrit et fait grandir l'amour surnaturel, dit Jean Delumeau citant ses auteurs chrétiens. Plus le désir de changer, de vivre en accord avec son dieu et ses frères est libéré pour le pénitent. D'un point de vue psychologique, j'ajouterai que plus l'aveu de la faute est fait dans la confiance, dans le désir de nommer ce qu'il faudra réparer et ce dont on demande ou veut demander pardon à l'offensé, plus s'humanise et s'enrichit la démarche entreprise.

Nommer le péché, si nous nous situons dans

une terminologie religieuse ou dans une démarche religieuse, plus généralement, nommer la faute, en termes communs, ne supprime pas la conscience de la faute. Mais cette nomination permet de la traiter. Elle rétablit la communication avec l'autre. À condition qu'on parle de faits, d'actes ou de pensées précis, et non d'un caractère ou d'un état. Dire « J'ai volé » ou « Je t'ai volé » fait état d'un acte sur lequel on va pouvoir réfléchir, dont on se reconnaît l'auteur et qu'on va peut-être pouvoir réparer. Un acte pour lequel on demande son pardon à celui qui a été lésé, fût-ce la société ! Dire « Je suis un voleur » ne nous présente pas comme acteurs de nos vies mais semble à la fois nous définir et nous enfermer. Souvent même, cela apparaît comme devant se traduire ainsi : « Que voulez-vous, je suis un voleur. Je ne peux que voler. Tel est mon destin. Telle est ma vie. » On pourrait ajouter : « Excusez-moi », mais pas : « Pardonnez-moi ! »

C'est bien à cela que doivent prendre garde les éducateurs et c'est peut-être une sagesse inconsciente qui leur fait dire : « Faute avouée, faute pardonnée. » Ou parfois : « Faute avouée, faute à demi pardonnée. » Que faut-il faire pour obtenir l'autre moitié de pardon dans ce cas ? Le demander ? Réparer ? Jurer qu'on ne recommencera pas ? On avait pris les devants en avouant avant même que cela n'ait été découvert...

Quelques extraits de la correspondance entre la petite Colette de Jouvenel (dite Bel-Gazou), fille de Colette l'écrivain, et sa mère fournissent un exemple intéressant pour notre propos. À dix ans, cette petite fille, très souvent séparée de sa mère et finalement mise en pension, écrit : « Lundi 18 juin 1923. Ma chère Maman, j'espère que tu voudras bien me pardonner d'être privée de sortie. » Suit une demande d'« objets pour vendre aux comptoirs de la kermesse » qui va avoir lieu prochainement. Elle annonce quelques bonnes notes et conclut tendrement. Il nous semble en lisant cette lettre que Petite Colette est la première punie, certes pour quelque faute qu'elle a dû commettre à l'école, mais la réponse de la mère est surprenante, comme si la petite fille avait fauté envers sa mère. « Ta moyenne de retenues, pour les sorties de quinzaines, commence à dépasser ma patience. Et quel est le regret que tu m'en témoignes ? “J'espère que tu m'as pardonné d'être privée de sortie.” Tout de suite après cette phrase qui ne donne aucune explication et ne témoigne d'aucun repentir, tu penses à ton agrément personnel. » La mère poursuit son analyse de texte et ajoute : « Pourquoi devrais-je avoir toujours la peine et toi le plaisir ? Un trait de ton caractère est de ne pas connaître longtemps le regret et d'être parfaitement contente de toi, ce qui implique aussi l'insouciance des autres. » Elle lui parle de son « cœur trop petit », « ingrat », et ajoute : « Tu nous prives ici de ce déjeuner familial [...]. Ces jours de retenue, il est probable que tu les passes gaiement [...] », etc. !

Quelques mois plus tard, la petite Colette écrit qu'elle est malade : « J'espère que tu te portes bien. Quant à moi, je suis “mal fichue” pour dire le mot ! » Elle raconte ses petites misères, l'épidémie de grippe qui sévit et remplit l'infirmerie, pour conclure : « Dans tout cela, je te demande pardon de ne te parler dans cette lettre que de moi et de maladies. Mais je juge qu'il est préférable en ce cas de te prévenir. » Le lendemain, elle annonce qu'elle est à l'infirmerie : « Viens me voir si cela ne t'ennuie pas… » Les lettres de Petite Colette sont affectueuses, ce sont des appels à la tendresse et sans cesse des demandes de pardon ou des excuses. Elle dit sa peine quand, semble-t-il, sa mère la réprimande. Elle reconnaît toujours ses fautes, tout en s'en défendant. « Ta petite Bel-Gazou t'embrasse bien tendrement et espère te prouver mieux encore qu'elle devient une bonne petite fille. »

En mai 1925, Petite Colette a douze ans ; à nouveau il s'agit explicitement de demandes de pardon, concernant semble-t-il toujours ces privations de sortie qui risquent de chagriner la mère, cette mère qui par ailleurs mène une vie assez distrayante. « Mai 1925. Chère petite Maman […] je ne t'ai pas écrit car je ne pouvais pas demander pardon je le répète cent fois et cela ne va pas ensuite et je ne pouvais pas te parler de sujets divers lorsque j'ai été privée de sortie. » Suivent les explications détaillées des causes de la punition et, pour la première fois, l'affirmation : « Eh bien je crois vraiment que je ne l'ai pas mérité. » La lettre conclut : « Si j'avais mérité ces deux punitions je ne trouverais rien à redire, mais là j'ai raison. J'espère que tu voudras bien me comprendre et ne pas trop me gronder car la punition a été suffisante et même superflue. » Ce qui ne l'empêche pas de signer « ta petite fille qui t'adore et dont la période de vertu a été accrochée », comme si finalement elle acceptait de se reconnaître coupable alors qu'elle vient de plaider le contraire. Mais elle ne demande pas pardon.

En juin 1928, un incident mémorable pour notre propos : Colette écrit un mot rapide à Petite Colette : « On m'a dit que tu fumais ; j'espérais que ce n'était pas vrai. Ta chambre sent le mégot. C'est bien dommage. Je te plains, ma chérie, de ne pas savoir résister à un esprit d'imitation. » Petite Colette répond avec beaucoup de maîtrise. Elle place le problème là où il doit l'être : ce n'est pas d'avoir fumé qu'elle se repent, c'est de l'avoir « dissimulé » à sa mère. Elle parle de sa « honte d'avoir si bien dissimulé », elle se trouve « l'air faux », a l'impression d'être « pleine de vices ». « Tout cela est ma faute, ma très grande faute [...] je te demande bien sincèrement de me pardonner, je suis si ennuyée [...]. Me sera-t-il un peu pardonné parce que j'ai beaucoup péché ? »

La réponse de Colette est parfaite : « Ma chérie, ne sois pas triste. Si j'ai eu un choc pénible à découvrir que tu fumais en cachette, c'est surtout parce que je sais la force d'une habitude, même anodine. » Suit une longue explication affectueuse sur les méfaits du tabac et des habitudes : « Fumer dans la solitude, boire seul sont deux péchés qui mènent loin. J'ai tout dit. Chérie, je suis contente que tu m'aies écrit. »

Après cet épisode dans la correspondance des deux Colette il ne sera plus question de pardon : ni demandé, ni accordé, ni refusé. Mais plutôt d'un juste sentiment de la nécessaire autonomie de la fille. Dans les années qui suivent, Petite Colette écrit de moins en moins, n'en demande pas pardon, ne s'en excuse pas. La mère écrit beaucoup, toutes deux protestent de leur affection réciproque. Comme si le reproche et l'aveu qui concernaient moins le tabac que la dissimulation avaient mis en place leur relation. Comme si la parole juste avait libéré la relation et rendu possible un respect mutuel chez ces deux partenaires. Comme si le reproche exprimé par la mère avait rendu inutile l'expression d'un pardon agi sans qu'il soit nécessaire de le dire dans sa longue lettre de réponse à sa fille. Comme si l'aveu et l'analyse qu'avait faite la fillette de l'acte de dissimulation l'avaient hissée à la hauteur de sa mère.

De l'évolution de cette relation telle que je la repère dans ces années de correspondance je conserve (du point de vue qui m'occupe) trois images qui font sens. En premier lieu, une petite fille qui demande pardon à sa mère pour la conséquence d'un acte qui n'a pas été accompli contre elle mais que la mère place sur un terrain où elle devient l'offensée, transformant la faute scolaire en faute d'amour ; il y a contresens et perversion de la notion de faute et de pardon. Dans un deuxième temps, voici une petite fille qui se refuse à demander pardon pour une situation susceptible de blesser à nouveau la mère mais où elle considère et affirme hautement qu'elle a, elle, subi une injustice. Dans un troisième temps, c'est une adolescente qui place sa faute sur un plan moral, intime.

Elle en accepte le sens, en demande pardon avec justesse sur le terrain qu'elle juge adapté et à la personne qui convient, puisqu'il s'agit à ses yeux d'une rupture de la confiance qui régit sa relation à sa mère. La mère manifeste qu'elle a accordé ce pardon et, pour elle, le mot devenu inutile n'est pas prononcé. Mère et fille ont eu dans cet épisode une parole juste qui a mis à une juste place l'objet de la culpabilité, le pardon demandé et le pardon accordé.

Cette réflexion laisse ouvertes plusieurs questions à approfondir. Elles concernent l'évaluation de la culpabilité, les contresens possibles concernant la place de l'acte coupable dans la relation entre celui qui se juge ou est jugé fautif et, dans la foulée, se posent les questions : à qui faut-il demander pardon et de quoi ? Faut-il toujours demander pardon ? Qui a le droit d'exiger une demande de pardon ? Qui a pouvoir de pardonner ? L'aveu, qui a facilité la nomination de la faute et la demande de pardon, est-il toujours efficace ? Est-il toujours suffisant ? L'aveu du coupable est-il nécessaire pour que le blessé, l'offensé, la victime accèdent au pardon du mal qui leur a été fait ?

L'aveu ne fait pas tout

On sait que Dostoïevski a été le chantre de l'âme déchirée, et bien souvent de l'âme déchirée par sa culpabilité. Le moment où Raskolnikov, le héros de *Crime et Châtiment*[1], avoue son crime est particulièrement saisissant. Plus exactement, le moment où il cherche à dire ce qu'il ne peut pas dire, le moment où il va trouver une oreille pour entendre sans qu'il dise, ce qui lui permettra de dire enfin les mots implicitement déjà prononcés. Mais quelle distance entre l'implicite et l'explicite, entre l'oreille capable d'entendre et celle qui ne l'est pas, entre celle qui entend juste et celle qui entend faux !

---

1. Fedor Dostoïevski, *Crime et Châtiment*, Actes Sud, 2002.

L'acte fondateur du roman est le double meurtre accompli par Raskolnikov. Celui, gratuit, d'une vieille usurière ; un meurtre pour se prouver à lui-même qu'il en est capable. Et, dans la foulée, celui de la voisine, Lizaveta, qui a le malheur de se trouver là à ce moment-là.

Dans les heures qui suivent, Raskolnikov traverse une période de grand trouble, ne se comprend plus, s'agite dans une très grande surexcitation. Et voilà que, rendant visite à la jeune Sonia avec qui il parle de l'événement qui bouleverse tout le quartier (le meurtre de la bonne Lizaveta), il lui laisse entendre qu'il connaît le meurtrier, et il explique : « Il ne voulait pas la tuer… Elle… il l'a tuée par hasard. » Quelques mots encore et il ajoute : « Alors, tu ne devines pas ? » Émotion intense. Sonia comprend sans mots et ne commente rien. Raskolnikov reprend : « Tu as deviné ? – Mon Dieu ! » s'écrie Sonia qui, « sans trop même savoir pourquoi, se jette à genoux devant lui » et le prend dans ses bras. Stupéfaction de Raskolnikov : « Tu m'embrasses quand je viens de te dire ça. Tu n'as pas toute ta tête. » Et la réponse de Sonia : « Il n'y a personne, personne de plus malheureux que toi maintenant. » Suit un dialogue dramatique au cours duquel Raskolnikov exprime désespoir et désarroi : « C'est moi que j'ai tué, pas la petite vieille » et « Alors que faire maintenant ? ». À quoi Sonia réagit, affirmant la nécessité d'une parole vraie, et d'un geste de reconnaissance de la faute : « Va tout de suite, à la minute, mets-toi à un croisement, inclinetoi, embrasse d'abord la terre que tu as souillée, et puis incline-toi devant le monde entier, aux quatre directions, et dis, à haute voix : "J'ai tué !" Alors Dieu t'enverra une nouvelle vie. »

Du temps passera avant que Raskolnikov accomplisse cet acte. Auparavant, il ira voir sa mère pour lui dire son amour et lui demander de l'aimer toujours « comme maintenant », quoi qu'on puisse un jour lui dire de lui. Ce n'est pas l'aveu du crime, c'est l'aveu de l'amour. Mais face à sa sœur il ajoutera, sans parler de son crime : « Donnia, ma chérie ! Si je suis coupable, pardonne, même si on ne peut pas me pardonner si je suis coupable ! » Et c'est après cette explosion affective que, sur la route, une pensée s'impose : « Je suis un assassin. » Il se jette à terre, les passants qui le voient le croient fou. « Les mots "J'ai tué" qui se préparaient peut-être à s'envoler de sa bouche restèrent figés en lui. » La vue de Sonia lui donne l'assurance que, quoi qu'il arrive, elle l'accompagnera. C'est alors qu'il va faire laborieusement l'aveu de son crime au bureau de justice, ce qui va ouvrir une nouvelle tranche de vie et une « nouvelle vie », pour reprendre l'expression de Sonia.

Le comportement de Sonia au moment de l'aveu non encore dit mérite qu'on s'y attarde, en particulier sur sa suggestion qui est presque un ordre. Sonia entend l'aveu non dit et c'est elle qui prononce les mots que ne peut pas prononcer Raskolnikov. C'est elle qui lui conseille d'aller les crier, ces mots, à la terre qu'il a souillée. Comme si seule la terre était maintenant l'offensée, comme si seule elle pouvait accueillir la reconnaissance de l'horreur du mal accompli. Comme si le mal fait à Lizaveta, à qui il est devenu impossible de s'adresser, dépassait largement la victime assassinée. Ce faisant, Sonia semble dire que seule importe la conversion du cœur de Raskolnikov : celle-ci ne sera possible que s'il dit les mots de sa faute, s'il énonce le mal accompli en le reconnaissant comme un mal pour toute la terre. Il n'est pas question d'aveu à un homme, d'aveu à la justice, ce que Raskolnikov fera plus tard. C'est en quelque sorte un aveu à soi-même face au monde auquel son crime a apporté du mal.

Plus je contemple cette scène, plus m'en apparaît la richesse. Par son attitude, Sonia évacue tous les contresens concernant l'aveu, en même temps qu'elle dit la nécessité d'une parole prononcée et d'une parole vraie. Dès lors, elle va donner son sens au pardon, qu'il s'agisse de savoir à qui s'adresse la demande de pardon ou qui a le pouvoir de pardonner. Et nous voilà à nouveau conduits à repenser aux contresens toujours possibles dans la demande ou dans l'écoute. Ainsi, lorsque Raskolnikov demande à sa sœur de lui pardonner quand elle saura sa faute, sa demande est erronée : Donnia ne saurait accorder le pardon pour un crime qui ne la concerne pas. En effet, écouter celui qui avoue sa faute est une chose, accorder un pardon en est une autre, se reconnaître comme celui qui doit ou peut accorder le pardon alors que l'on n'est pas la victime ou l'offensé, c'est entrer dans le labyrinthe des faux sens et des contresens.

Olivia vient de vivre bêtement et dans de mauvaises conditions ses premières relations sexuelles. Elle en parle à sa mère avec beaucoup d'angoisse. Ce garçon, elle ne l'aimait pas, elle s'est laissé aller, c'est mal ! Elle a besoin d'être pardonnée de cela (mais par qui ?) et surtout de se pardonner cet acte stupide, non cohérent avec ses valeurs. Mais tout cela est encore brouillé en elle. Et voici que sa mère déplace le problème en s'écriant : « Et moi qui te faisais confiance ! » Dès lors, c'est la mère qui est désignée pour accorder ou refuser le pardon dont Olivia a besoin. Par son attitude, elle place la faute d'Olivia sur le plan de leur relation au lieu d'aider sa fille à comprendre ce qui s'est joué dans la relation qu'elle a eue avec ce partenaire d'un soir. Le sens de l'acte, celui de la culpabilité d'Olivia disparaissent, absorbés par la réaction de la mère. Qu'elle

« pardonne » sa faute à sa fille ou qu'elle refuse son pardon, elle a faussé et appauvri la démarche d'Olivia. Un peu comme la mère de Petite Colette transformant la faute scolaire de sa fille en une faute contre elle-même. Mais de manière infiniment plus grave dans le cas d'Olivia. Car Olivia ne demandait pas pardon à sa mère : elle lui confiait son désarroi et le sentiment qu'elle avait de sa culpabilité. Cette culpabilité qui ne concernait qu'elle-même l'a conduite à un affinement de sa conscience même si cela lui advenait douloureusement. C'était dans cette démarche, dans cette prise de sens de l'acte accompli et du mal-être qui s'était ensuivi, que sa mère aurait dû la rejoindre. Olivia aurait alors pu découvrir qu'elle cherchait à se pardonner à elle-même pour le mal qu'elle s'était fait. Elle aurait pu s'apercevoir aussi qu'elle éprouvait de la colère contre le partenaire qui l'avait entraînée là où elle n'aurait pas voulu aller et qu'elle lui en faisait grief.

L'aveu fait par celui qui a besoin de dire sa faute est un jalon sur le chemin de la conscience de la culpabilité et de la demande éventuelle de pardon. Mais il devient une impasse s'il y a confusion entre les identités prêtées à celui qui entend l'aveu. La mère ou le père, le confesseur, le psychanalyste, l'ami, le confident, ferment le chemin du repentir authentique, de la demande profonde de pardon, de l'essai de réparation, de l'approfondissement personnel lié à la conscience du mal accompli, dès qu'ils se font propriétaires de l'aveu et détenteurs de la capacité de pardonner ou du droit de refuser le pardon.

Car, enfin, qui a pouvoir de pardonner le crime ? La victime ? Dans le récit de Dostoïevski, c'est impossible puisqu'elle est morte. Ceux qu'a lésés le crime pour le mal qu'entraîne pour eux la mort de l'assassiné ? Il n'y a pas commune mesure. La société en la personne du procureur ou du juge qui a entendu l'aveu ? Ce n'est pas leur fonction, celle-ci se résumant dans un acte de justice, de défense de la société, de punition ou de réparation. Celui qui a entendu l'aveu quel qu'il soit ? Pas davantage, et Sonia le sait. Subir la punition, réparer le réparable n'ont pas pour objet de se faire pardonner par la société. Tout au plus de permettre de se sentir acquitté d'une dette. Peut-être cependant l'acte de justice ou de réparation ouvre-t-il le chemin du pardon que le sujet s'accordera à lui-même. L'attitude de Sonia dit : « On peut t'aimer quand même. Je te reconnais digne de mon amour malgré ça et avec ça. » Elle se fait miséricordieuse et ne joue pas à donner l'illusion du pardon. C'est encore un pas rendu possible sur le chemin du seul pardon envisageable, celui de soi-même à soi-même. Le seul où il n'y ait pas les contresens que j'ai évoqués plus haut. Et si la question du pardon à se donner à soi-même se pose, c'est bien parce que je me suis moi-même blessé, détruit, tué par mon acte. Il n'en demeure pas moins que de ce mal, et de celui-là seulement, je peux m'accorder ou non le pardon. La condition en est la qualité de l'aveu et la qualité de l'écoutant.

Si l'aveu ne se limite pas à être obéissance à une exigence imposée (par la justice ou par les parents), fuite devant la peur, désir de se soulager, l'acte prend tout son sens par la parole prononcée, le verbe qui fait miroir. « J'ai trompé ma femme : quand je m'entends dire ça, ça prend un autre caractère. Tout d'un coup, je vois, j'entends. Et je me dis : c'est moi, ça… c'est moi et je suis un salaud ! » Ainsi l'aveu par les mots prononcés, par la nomination, ouvrirait-il à une conscience plus aiguë de soi-même comme acteur dans la dramatique du mal. C'est de cette conscience plus aiguë que peut naître plus de lumière. Ce que j'avoue, je me l'avoue face au témoin de mon aveu. Je me vis responsable. Je me déclare coupable, en désir d'être pardonné par l'autre, par une instance supérieure, par l'offensé, par le groupe social, par Dieu. Peut-être aussi suis-je devant la question brûlante qui surgit : qui peut m'accorder le pardon ? Et qu'est-ce que le pardon ? Et moi, puis-je me pardonner ? En ai-je le droit ? En ai-je le moyen ? Cela a-t-il seulement du sens ?

Reste le problème douloureux de celui à qui j'ai fait du mal, que ce soit mon frère, un ami, un inconnu, un parent, Dieu ou la société. Mon aveu joue-t-il un rôle pour eux ? Quelle est la place de la parole que, fautif, je prononce ? Quelle place aussi donner à leur parole ?

Le procès et l'aveu des criminels, s'ils ont lieu, sont le signe réel, attendu par les victimes, nécessaire. Il arrive que s'exprime aussi une demande de pardon. Si elle est faite, elle sera importante pour la cicatrisation de la blessure à condition qu'elle soit ressentie et reconnue comme authentique pour la victime. Mais pour chacun le chemin est long, difficile, incertain, et il n'est de toute façon pas question d'effacer les cicatrices de part et d'autre.

Lorsque justice n'est pas faite, lorsque le temps est passé sans que le criminel ait avoué, lorsque l'affaire est, comme on dit, classée, une large blessure demeure ouverte. Quelques années après la publication du livre écrit après qu'elle a été violée [1], et dix ans après le viol lui-même, Florence Feroé quitte son pseudonyme et écrit à visage découvert ce que vit la victime lorsque jamais l'aveu n'est fait, lorsque la société ne peut faire justice en faisant place à la nomination, en obtenant que soit reconnu un coupable et que celui-ci avoue son crime :

1. Florence Feroé, *De l'inconvénient d'avoir été violée*, Albin Michel, 2002.

« Dix ans, c'est le temps à l'issue duquel il y a "prescription" en justice. Comme si, passé ce délai, les faits cessaient d'exister, même si en leur temps ils ont été consignés. Parce que "justice n'a pas été faite", cesse-t-on d'être victime ? Évidemment non [1]. » L'article, amer et pourtant empreint d'une certaine sérénité, s'achève par un constat douloureux : « Rien ne peut effacer le fait d'avoir été victime. Être victime, avoir été victime. Le temps est à l'œuvre dans cette distinction entre des formes d'infinitif. Infinitif, infini : on n'a jamais fini d'être victime. »

Ni dans son livre ni dans son article, l'auteur n'aborde la question du pardon. Nous sommes cependant en droit de la poser. Est-il possible à la victime de pardonner ce qui n'est même plus reconnu par la société ? d'accorder le pardon à celui qui l'a blessée à mort sans que celui-ci ait demandé pardon en reconnaissant son crime ? Je ne sais pour l'instant que répon-

---

1. Florence Fabre, « Justice ne sera pas faite », *Imaginaire et Inconscient, Être victime*, n° 15, 2005, L'Esprit du temps, p. 83-89.

dre, si ce n'est qu'il s'agirait alors d'un changement radical de plan et que ce changement ne peut lui aussi que s'inscrire dans une durée infinie. Peut-être pourrait-on dire que si on n'en a jamais fini d'être victime, on n'en a non plus jamais fini de faire le chemin vers le pardon, si on a décidé de l'entreprendre.

Une image a frappé nombre de nos contemporains, celle du pape Jean-Paul II visitant son agresseur en prison : les deux hommes sont penchés l'un vers l'autre et visiblement se parlent, s'écoutent. Les mots prononcés, nous les ignorons. Mais dans cette image dont nous ne connaissons que les gestes, nous pouvons voir le symbole de ce que je tente d'éclairer : le pardon demandé, le pardon accordé ne peuvent concerner que ceux qui sont à tout jamais liés par le mal personnel que l'un fait à l'autre. Cependant, nous ignorons ce qui se passe au cœur de celui dont le pardon est sollicité, au cœur du blessé, de l'offensé, de la victime.

L'aveu a-t-il tout résolu pour celui qui avoue ? Accueillir l'aveu et la demande de pardon ne nécessite-t-il pas un long chemin quand la déchirure a été telle que la victime a le sentiment que sa vie est partie en éclats, sous les coups de l'autre ? Au-delà de l'aveu reçu, de la demande de pardon entendue, par quels chemins doit-il passer, celui qui désire pardonner et ne le peut souvent pas ?

Faire reproche pour pouvoir pardonner

Tout ce que je viens de développer concernant la nécessité d'une parole vraie, j'en ai parlé au point de vue de l'aveu de la faute par celui qui l'a commise, aveu et demande de pardon lorsque celui qui assume et regrette son acte désire aussi être pardonné. Pardonné par celui qu'il a blessé ou offensé, nul ne semblant pouvoir pardonner au nom d'un autre.

Mais il me faut aussi analyser ce qu'il en est de la parole du côté du blessé, de l'offensé, du meurtri, de la victime. Car il est des paroles aussi fausses du côté de celui à qui il a été fait du tort que de celui qui a mal agi. Laissons les contresens que j'ai décrits dans les chapitres précédents, ces contresens où la demande d'aveu, l'accord du pardon sont détournés, et dès lors pervertis et « pervertisseurs ». Il y a aussi une manière trop rapide de pardonner qui risque de laisser le champ du pardon comme un champ mal cultivé où rien ne poussera. Cela se résumerait dans des formules sans épaisseur : « Ce n'est pas sa faute », « Il a des excuses », « N'en parlons plus, c'est oublié »... Ainsi, l'acte de pardon se trouve associé à un coup d'éponge rapidement donné, rapidement oublié. Comme si la profondeur de l'homme et de ce qu'il vit était ramenée à une surface vite salie, vite nettoyée : un dessin sur un tableau lisse fait avec un marqueur effaçable.

Lorsqu'un enfant dans mon bureau cherche une gomme, il n'en trouve généralement pas. « C'est raté ; je veux effacer ! » ; je réponds : « Ce qu'on rate ici, on le change, on le transforme. On ne l'efface pas. » Qui plus est, je conserve les dessins considérés comme « ratés », les feuilles que l'enfant allait mettre à la poubelle et que parfois il déchire. Souvent, je commente : « Tout ce qu'on fait, ça reste et c'est à nous d'en faire quelque chose, de le faire changer. » Je dis aussi que je conserve la trace des essais, des ébauches, comme de ce qui surgit au moment où on est content de soi. Écrivant ces lignes, je revois

Kevin qui, au cours d'une des dernières séances avec moi, parcourt son dossier. Il contient beaucoup de dessins barbouillés abandonnés. Kevin rit : « Ça c'est quand j'étais "fouillis"... C'est quand j'étais colère... C'est pas beau... Ah ! là, ça s'arrange ! Regarde comme ça s'arrange ! » Je me limite à dire : « Comme toi ! Tu te souviens ? » Kevin ajoute : « Je voulais tout jeter, chaque fois ; vous, vous ne vouliez pas. J'ai compris ; t'avais raison... Vous avez bien fait parce que là on voit. »

Ces quelques remarques sont là comme une illustration d'une première réflexion : je crois bon de prendre son temps pour pardonner, pour accomplir l'acte de pardon. Le temps, comme pour les dessins ratés, les ébauches successives, est respecté et la profondeur du ressenti et de l'acte de pardon lentement élaboré, créé, y gagne.

Mais il y a plus. Peut-on pardonner sans faire reproche ? Est-il sain de faire l'économie du reproche devenu conscient et exprimé ? Est-il sain de ne pas dire la souffrance, d'en refouler le rappel ? Est-il sain de ne pas avouer qu'on a eu mal, qu'on a été blessé, qu'on l'est encore ?

Au nom de quoi faudrait-il étouffer ce qui s'est vécu de peine, d'horreur, de paralysie, de haine ?

Faire reproche est une nécessité pour que le pardon soit authentique et fécond. Peut-être le petit Tanguy [1] en qui le jeune Michel del Castillo se projette est-il un bon exemple des méfaits du refoulement du reproche. Il est impossible à cet enfant qui vit le double abandon de ses parents de penser que sa mère est mauvaise, que son père est mauvais. Il n'a rien à leur pardonner, ni à pardonner au monde cruel des adultes auquel il est confronté, puisque chaque fois ceux-ci sont excusables selon lui, donc excusés. De cela, il a besoin, car si le reproche qu'ils méritent lui venait, tout serait encore plus invivable. Mais peut-être cette mansuétude innocente engendrera-t-elle plus tard dépression et paralysie, reproche, répétition du même sous diverses formes enfin, pour del Castillo, dans l'œuvre qui suivra.

Des années plus tard, del Castillo écrit une préface à une nouvelle édition du livre où il critique l'esprit dans lequel il a été écrit. « Point

1. Michel del Castillo, *Tanguy*, Gallimard, 1996.

de victimes sans bourreaux. Or, c'est le bourreau qui de façon hautement suspecte est évacué du livre. Ceux qui surgissent au détour d'une page se trouvent aussitôt innocentés de la manière la plus évangélique : ils ne savent pas ce qu'ils font. À moins que leurs crimes ne soient des erreurs. » Et l'auteur de s'interroger : « Que dissimule ce besoin d'innocenter tout le monde ? » Il pense alors qu'il ne pouvait qu'« écarter la figure du bourreau » : « Je ne me sentais pas la force de le désigner. »

Cette force, il aurait fallu pouvoir en disposer. Mais cela n'est possible qu'à une condition : ne pas vivre l'acte de reproche comme une faute. Car alors la victime devient fautive à ses propres yeux. Il n'est que de penser à la difficulté que rencontrent les victimes pour accuser les parents fautifs, les violeurs, etc. : « S'ils m'ont fait du mal, j'y suis sûrement pour quelque chose. » Et aussi : « On va les punir ; ce sera ma faute. » Et encore : « Je lui ai dit qu'il était insupportable, que j'en avais marre de le voir rentrer soûl tous les soirs. Il s'est suicidé. C'est ma faute. » Le refus ou l'impossibilité de faire reproche, nous les trouvons aussi dans une interprétation erronée de l'héritage biblique et judéo-chrétien. Marie Balmary, dans *Le Sacrifice interdit*[1], en fait une analyse intéressante à partir de l'observation d'une patiente, puis, selon sa démarche habituelle, en recourant à l'expérience de la psychanalyse en même temps qu'à la lecture de la Bible. « Reprocher et aimer sont ressentis comme opposés. On ne peut pas aimer son prochain parce qu'on a des reproches à lui faire (Freud) ou bien on voudrait bien l'aimer mais on a des reproches à lui faire [...]. Serions-nous coincés des deux côtés ? Si on ne peut aimer parce qu'on a des reproches et que ne pas reprocher conduit à ne plus aimer, que faire ? » Dans la suite de cette étude, Marie Balmary montre avec finesse que le rôle de l'analyste est souvent de supporter des reproches qui lui sont faits, et qu'il analyserait comme injustes s'il oubliait que dans tel moment de cure il a pris la place de tel ou tel à qui jamais n'a été fait le reproche mérité. Parfois aussi son simple rôle est d'entendre avec tranquillité l'énoncé des reproches

1. Marie Balmary, *Le Sacrifice interdit*, Grasset, 1986.

que le patient fait devant lui, pour être entendus de lui, et qui concernent le père, la mère, l'enfant ou l'amant qui le fait souffrir. Le travail de l'analyste consiste alors à la fois à permettre au patient l'expression du reproche, et à l'amener à se comprendre soi-même ainsi que ce qui s'est joué pour pouvoir aller au-delà, et parfois pardonner.

Mais il n'y a pas toujours travail analytique dans l'élaboration, la quête de pardon, ni dans le passage par le reproche. J'en citerai quelques exemples.

Kafka d'abord, dans sa célèbre *Lettre au père*[1] : en même temps qu'il cherche à rejoindre son père, il tient à lui faire les reproches qui l'étouffent. Probablement parce que ce sont les conditions mêmes de retrouvailles justes. Cette lettre remarquablement pesée, pensée, maîtrisée, il ne l'a, hélas, jamais envoyée tant elle lui importait et lui faisait peur.

Brigitte Léotard s'adresse à sa mère dans un chapitre particulièrement violent du livre bouleversant écrit après la mort de sa sœur

---

1. Franz Kafka, *Lettre au père*, Gallimard, 2002.

jumelle[1] : « Allez, avance-toi, Antoinette, regarde-moi, je suis sortie de sous la table et j'ai tout entendu, tes faux serments, tes vrais mensonges, tes belles prières. Rien ne m'a échappé [...] tu aurais peut-être dû te méfier et songer à me noyer quand il était encore temps. Maintenant c'est trop tard, j'ai arraché ton masque, je l'ai jeté dans le caniveau, là où tu m'as laissée. » Un peu plus loin dans ce terrible réquisitoire s'exprime l'horreur de la dépendance dans laquelle elle a vécu, englobée dans cette mère qu'elle déclare avide de puissance et toute dévorante. « Les trésors que j'avais, tu les as tous pillés. » À aucun moment dans ce livre ne se dessine l'attente d'une demande d'aveu ou de pardon de la part de la mère. À aucun moment une tentative de pardon qu'accorderait la fille blessée à mort. Seulement le désespoir et la haine.

Carlos Bauverd dans sa « Lettre à un père fasciste[2] » reproche longuement à son père mort la jeunesse qu'il lui a fait vivre en raison

1. Brigitte Léotard, *Petite mémoire d'un clan*, Albin Michel, 1996.

2. Carlos Bauverd, *Post mortem*, Phébus, 2003.

de ses choix politiques et de leurs conséquences. « Sais-tu le prix à payer pour avoir été élevé dans la haine ? Sais-tu que cela ne pouvait me conduire qu'à la haine de moi-même ? » Mais il poursuit en expliquant que grâce au gauchisme, aux groupuscules anarchistes vers lesquels son adolescence l'a conduit, la révolte lui est venue : « Ma révolte a commencé à se construire contre toi et contre maman. Ma haine s'est retournée contre vous. » Il évoque son horreur de ce père nazi lorsqu'il découvre les camps de la mort. Puis il aborde un autre sujet de haine : sa découverte tardive du fait que si ce père-là l'a reconnu et élevé comme son fils, il était le fils biologique d'un autre qui lui a toujours été caché. « Si je pense ne pas t'avoir déçu, ma déception à moi sera éternelle. Tu ne t'es jamais repenti de quoi que ce soit, et j'y ai aussi perdu un autre père qui, si on me l'avait laissé connaître, aurait peut-être été bienveillant et réparateur. » Le livre se terminera étrangement : pas de pardon, et pourtant ces mots : « Il m'est impossible, moi, enfant bâtard, improbable, né d'une si romanesque ascendance, démuni devant une identité aux contradictions tour à tour fantastiques et dérisoires, béant face à une naissance qui se joue de l'imagination, il m'est impossible de désirer ta rédemption. Je ne peux que te souhaiter, toutefois, de reposer en paix. Si tu le peux. » Et il signe en lettres grasses : « TON FILS ».

Aline, que j'ai connue enfant, revient me voir. Elle a trente ans. Elle me parle longuement des reproches qu'elle désire faire à sa mère jugée par tous admirable et parfaite. On lui demande, pour l'anniversaire de celle-ci, de faire un discours où elle est censée rendre grâce à cette femme pour sa vie généreuse et irréprochable. Quand je la revois après la fête de famille, Aline me dit : « J'ai pu dire tout le bien que nous pensons d'elle, comme ça m'était demandé. Mais j'ai pu commencer en disant tout ce que malgré tout, moi, je lui reprochais. Et je crois qu'en fait j'étais revenue vous voir pour ça. » Aline ajoute que cela l'a soulagée, tout le monde était content et sa mère l'a remerciée !

C'est aussi une étrange démarche qu'entreprend Francine Cockenpot quand, déjà âgée, elle se retrouve mutilée à la suite d'une agression par un homme qui s'est introduit chez elle, la nuit [1]. Elle, la femme confiante aux portes toujours ouvertes sur la nuit, toujours ouvertes pour les autres. De cet homme qu'elle appelle « le loup », elle n'a pas vu le visage. Il l'a laissée à demi morte, ensanglantée, un œil arraché. Pour essayer de s'apaiser, elle écrit. Ce qu'elle cherche douloureusement, c'est à comprendre et à pardonner.

> « Pourquoi ne puis-je t'écrire que la nuit ?
> As-tu avec elle un accord, celui des carnassiers, celui des oiseaux de proie ?
> Demande pardon à la nuit que tu as violée [...]
> À cause de toi, j'ai perdu ma confiance première dans les hommes, le jardin, le ciel.
> [...]
> Tu es venu, et maintenant j'aurai peur de chaque branche qui bouge, de chaque volet qui claque...

1. Francine Cockenpot, *L'Agresseur*, Seuil, 1986.

Je ne supporte plus ce trou dans ma tête, ce trou bouché par un œil aveugle.
Pourquoi as-tu fait cela, après avoir volé, gratuitement ?
Pour toi, cela a duré un instant, pour moi cet instant durera le reste de ma vie.
Pourquoi as-tu fait cela, toi, le Gitan, fils des étoiles et du vent ?
Regarde-les pour moi, si les hommes ne t'enferment pas dans une prison dont le vent et les étoiles sont exclus.
Mais s'ils t'enferment, sache que tu ne seras pas le seul enfermé. »

Les pages s'égrènent, poétiques, douloureuses, tantôt adressées à son agresseur, parfois tournées vers son dieu, un dieu contre lequel elle ne se révolte pas, ce n'est pas à lui qu'elle fait reproche.

Mais nous savons aussi qu'il n'en va pas toujours ainsi. Je pense à cette femme à la vie déchirée et à sa plainte : « Impossible de dire le *Notre-Père*. “Pardonnez-nous nos offenses…” Qu'est-ce que c'est, nos offenses ? C'est plutôt lui qui devrait nous demander pardon… »

Lytta Basset souligne la force du reproche de Job à son dieu et la met en parallèle avec celle d'Élie Wiesel dans son si beau livre de jeunesse, *La Nuit*. Job se défend, il se plaint, il attaque, il accuse :

> « Elle est dégoûtée mon âme, dans ma vie.
> Je laisserai aller sur moi/sur lui mon sujet de plainte.
> Je parlerai dans l'amertume de mon âme.
> Je dirai à Eloah (= Dieu) : NE ME DÉCLARE PAS COUPABLE !
> Fais-moi connaître sur quoi tu me fais procès.
> Est-ce bon pour toi que tu opprimes,
> Que tu rejettes la peine de tes mains
> Et que tu brilles au conseil des méchants ?
> As-tu des yeux de chair ?
> Est-ce comme le voir d'un humain que tu vois ?
> Tes jours [sont-ils] comme les jours d'un humain ?

Et tes années comme les jours d'un homme fort ?
... puisque tu es à la recherche de mon tort
Et que de mon péché tu t'enquiers[1] ! »

Et en écho, Élie Wiesel : « Pourquoi, mais pourquoi Le bénirais-je ? Toutes mes fibres se révoltaient. Parce qu'Il avait fait brûler des milliers d'enfants dans ses fosses ? Parce qu'Il faisait fonctionner six crématoires jour et nuit, les jours de Sabbat et les jours de fête ? Parce que dans Sa grande puissance Il avait créé Auschwitz, Birkenau, Buna et tant d'usines de la mort ? Comment Lui dirais-je : "Béni sois-Tu, l'Éternel, Maître de l'Univers, qui nous as élus parmi les peuples pour être torturés jour et nuit, pour voir nos pères, nos mères, nos frères finir au crématoire ? Loué soit Ton Saint Nom, Toi qui nous as choisis pour être égorgés sur Ton autel"[2] ? »

C'est ici l'extrême du désespoir, l'extrême du

1. Lytta Basset, *Guérir du malheur*, Albin Michel, 1999.
2. Élie Wiesel, *La Nuit*, Minuit, 1958.

reproche, l'extrême du non-sens. On sait que finalement Job comme Élie Wiesel se reprennent et renouvellent leur confiance en ce Dieu auquel ils ne comprennent rien. Sans l'expression de leur colère, de leur vécu d'abandon et de révolte, sans leur cri, auraient-ils pu accomplir le chemin ?

Armand Abécassis, dans sa très belle contribution à l'ouvrage dirigé par Olivier Abel sur le pardon, rappelle la révolte de Jonas contre son dieu. Yaveh l'envoie à Ninive pour demander à ses habitants pécheurs de se repentir, de reconnaître leur faute. Ainsi pourra-t-il leur pardonner. Jonas est scandalisé. Il refuse. Il n'est pas question d'aider Yaveh dans une entreprise aussi absurde. On se souvient de l'orage, de la terrible tempête au cours de laquelle tous les voyageurs prient leur dieu. Sauf Jonas, qui reste caché dans le fond du bateau sans prier tant il est fâché. Jeté à la mer à sa demande, il s'enfonce au plus profond de l'eau, continuant de fuir la mission qui le révolte. Englouti par le poisson et rejeté sur la plage de Ninive, il garde sa colère contre Dieu, d'autant plus qu'il a vu naître et mourir un plant de ricin qui aurait dû vivre. Il invective son dieu qui s'adresse à lui : « As-tu raison de te fâcher à cause du ricin ? » Jonas lui répond : « Oui, j'ai raison de me fâcher à mort. » Et Armand Abécassis de commenter : « Comment ne pas s'attacher à Jonas, comment ne pas lui accorder toute la tendresse qu'il mérite ? Comment rester indifférent à sa situation ? Oui, il a raison de faire remarquer à Dieu la présence du mal radical dans le monde (le ricin) et dans l'absurdité de ce monde[1]. »

Dieu dans le livre de Jonas écoute avec patience sa colère. Jonas ne pourra entendre la parole de son dieu et comprendre son projet que parce qu'il aura été reçu avec son reproche. Il ne pourra accepter d'entrer dans le projet de son dieu, lui pardonner son pardon aux gens de Ninive, et finalement lui pardonner le mal du monde, que parce qu'il aura été entendu jusqu'au bout dans son reproche.

---

1. Armand Abécassis, in Olivier Abel (dir.), *Le Pardon. Briser la dette et l'oubli*, Autrement, 1991.

Garder mémoire

Pour pardonner, il faut pouvoir faire reproche : telle pourrait être formulée la réflexion en forme de paradoxe que je viens de développer. J'ajouterai un deuxième paradoxe : pour pardonner, il faut faire mémoire du mal subi et en conserver le souvenir.

Bruno a un peu plus de trente ans. Sa vie professionnelle stagne, sa vie sentimentale est une succession d'échecs. Il s'est marié jeune, « jeune et plein d'illusions ». Malgré son amour pour sa femme puis pour ses enfants, malgré l'attention qu'il leur porte, tout va mal. Il décide d'entreprendre une psychothérapie puisque maintenant il n'a « plus rien à perdre » et qu'il lui faut « vivre avec ça ». « Ça », c'est le divorce demandé par sa femme, c'est le rejet de la part de ses enfants. « Ils ne veulent plus me voir, font des scènes pour ne pas venir chez moi. Qu'est-ce que je leur ai fait ? »

Certes, il reconnaît qu'il a toujours eu un caractère difficile, prompt à reprocher, parfois à gifler. Mais il en veut à sa femme de n'avoir jamais voulu le comprendre, l'épauler, alors qu'elle savait qu'il avait du mal au travail et que sa vie avant avait été difficile. Comme je l'invite à me parler de cette vie « difficile » plutôt que s'enfermer dans la plainte concernant ces derniers mois, il déclare que c'est impossible. Sa femme est impardonnable de lui avoir causé tant de mal. Mais oui, c'est vrai, avant elle, sa vie a été une succession de malheurs auxquels il ne veut plus jamais penser. Parce que s'il repense à son enfance, c'est la plongée dans une haine terrible contre laquelle il a toujours lutté. Son moyen de lutte ? Oublier. Oublier ce passé où abandons et humiliations l'ont détruit. Ça, il ne veut le réveiller à aucun prix. Sa femme, ses enfants font encore partie de son présent : il voudrait les oublier mais ne peut pas. « Le reste, il faut le laisser dormir là où je l'ai enterré. » Il a peur d'ouvrir la boîte de Pandore. En même temps, il sent qu'étrangement, ce qu'il vit à l'égard de sa femme et de ses enfants, l'impossibilité où il se trouve de leur pardonner, de tenter de les rejoindre, de leur demander pardon aussi pour ses incompréhensions et ses violences passées, tout cela réveille un passé qu'il voudrait continuer d'ignorer mais qui frappe à la porte.

Alors, peu à peu, le voici qui retourne vers ces profondeurs enfouies, la laideur, les cruautés, les humiliations subies par l'enfant abandonné, « placé » et mal placé… Après que son père a quitté sa mère, que celle-ci a crié, pleuré, frappé l'enfant qui lui restait de ce mari honni… après que sa mère a sombré dans l'alcool et finalement s'est donné la mort. « Je les déteste, je les déteste tous, même ma mère que j'aimais. Mon père, jamais je ne lui pardonnerai ! » Après ces séances dramatiques, Bruno exprime aussi sa colère d'avoir été obligé de retourner là où il sait que dominent la haine et le désespoir. Pour lui qui a choisi d'être « bon », c'est intolérable.

Cependant, les semaines et les mois passant, Bruno cherche à comprendre autrement son père, à s'expliquer sa fuite loin des responsabilités, loin de sa femme. D'autres souvenirs surgissent. Des liens se font. La haine cède la place au regret, à la compassion. « Ils étaient trop malheureux, ils avaient été trop malheureux dans leur jeunesse... » Il pense alors à lui-même, répétant sans le vouloir le malheur et la maltraitance (à laquelle il faut bien donner son nom) ; tout ce que, animé d'un amour qu'il croyait suffisant, il a fait souffrir aux siens. « Je ne peux pas leur pardonner ce qu'ils me font. Mais eux, est-ce qu'ils pourront un jour me pardonner ? » Et puis il en vient à repenser à son enfance, à ses parents, « à ce monde, à cette montagne de haine... ». Comme je l'invite à imaginer qu'il pénètre la montagne noire qu'il vient d'évoquer [1], il y découvre, avec le dragon dévorant, l'aigle qui l'emporte dans son nid. « C'est la terreur. Mon cœur bat très fort, à tout rompre. Il va sûrement me déchiqueter. » Après un long silence, avec beaucoup d'émotion, il dit : « Voilà, c'est fini. Il m'a posé dans son nid plein de plumes. Il a l'œil perçant

1. Nicole Fabre, *Au miroir des rêves*, Desclée de Brouwer, 2001.

mais je sais qu'il me protège. » Bruno pleure et dit un peu plus tard : « Je me rappelle ! Ce jour où il est venu me chercher à l'école et a flanqué une rouste aux gamins qui m'embêtaient. On est repartis, très fiers, même si ça n'était pas très malin… Mais il était si violent, si instable, le pauvre… Il ne pouvait pas nous protéger vraiment… Et il en avait tellement bavé lui aussi, avant… »

Ainsi le souvenir, en s'élargissant, donne-t-il sens au passé. Ici, pardonner, dans les événements récents de sa vie, ce que Bruno pensait impardonnable n'a pu se faire qu'à travers un double aller-retour. Sa femme et ses enfants lui semblaient impardonnables. Mais, se rappelant sa propre enfance douloureuse, il y reconnaît les prémices de ce qu'il a fait souffrir aux siens et commence à se demander s'il est, lui, pardonnable. Il peut à nouveau entrer dans le monde de ses souvenirs de haine et de douleur et c'est en les explorant par la voie de l'imaginaire qu'il retrouve ce qui, en lui, peut comprendre la détresse de son père et dès lors le rendre pardonnable, lui à qui, sans jamais le dire, il n'a rien pardonné. Un déplacement a fait charnière : c'est le moment où il se reconnaît lui-même coupable et peut-être indigne de pardon ; en même temps, il découvre que sa difficulté à pardonner à sa femme et à ses enfants ce qu'ils lui font vivre de haine et de rejet rejoint et recouvre sa vieille haine, sa vieille rancune étouffée envers ses parents. La question du pardon s'élargit, s'approfondit. Et le pardon devient possible.

Julie, à vingt ans, entreprend une psychothérapie pour trouver le courage de faire ce qui lui paraît une urgence : déposer une plainte contre son père qui a eu avec elle des relations incestueuses pendant les années qui ont suivi le divorce de ses parents, dans sa préadolescence. De ce temps, elle parle avec violence en disant ce père impardonnable. On n'abuse pas ainsi d'une petite fille ! Mais au long des séances, elle laisse émerger des souvenirs refoulés, oubliés depuis des années. Ce sont des souvenirs pleins de tendresse, d'affection. Ce père s'est bien occupé d'elle et, finalement, elle ne peut lui reprocher aucune violence, aucune malice. « Et le jour où je lui ai dit que je ne voulais plus, il a respecté ma décision. Il m'a respectée. » Alors Julie s'interroge : pourquoi en veut-elle tellement à ce père qui l'a aimée ainsi ? Est-il impardonnable, lui qui, certes, a glissé dans des actes interdits, mais dont l'enfant qu'elle était n'a pas eu l'impression de souffrir ? Est-il impardonnable, lui qui s'est occupé de sa fille alors que la mère les avait abandonnés tous les deux ?

Peu à peu, Julie éprouve un sentiment nouveau : l'impardonnable, c'est sa mère, qui les a quittés, les a laissés dans la détresse. L'impardonnable, c'est sa mère, qui plus tard a voulu la reconquérir, cette mère qui n'a cessé de faire parler Julie de son père, jusqu'à ce que Julie lui dise la relation d'amour tendre, incestueuse, qu'elle avait eue avec lui. Ici encore, un déplacement s'opère. Plonger dans les souvenirs, se remémorer la faute dont elle a eu à souffrir la conduit à ne plus porter le même jugement sur son histoire. Peut-être gardera-t-elle toujours le sentiment nouvellement émergé qu'il est impossible d'accorder le pardon à cette mère par qui tout est arrivé. Peut-être comprendra-t-elle que la faute de la mère, elle aussi, s'inscrit dans une histoire douloureuse, difficile, et qui la rend pardonnable. C'est seulement au prix d'un long travail de mise en mémoire, de justesse de la mémoire, que peut-être, si elle le désire et le veut, elle entrera dans le pardon.

Ainsi, se remémorer au lieu de refouler me paraît essentiel pour qui est en droit de vivre le reproche et ne se trouve pas en mesure de pardonner, même s'il cherche le chemin d'un pardon hors duquel il ne parvient plus à vivre.

L'acte de mémoire, c'est-à-dire la levée du refoulement des souvenirs, l'acceptation d'une plongée dans le passé douloureux, apparaît donc aussi important que la capacité à faire reproche lorsqu'il s'agit du pardon à accorder pour un mal, certes réel, mais que je qualifierais de privé : le mal que me font subir parents, enfants, ami, amant, époux, maîtres, collègues de travail, le mal dont je connais les auteurs. La blessure a été infligée dans la banalité des jours, si violente soit-elle. Elle appartient à l'histoire interpersonnelle.

Il n'en va pas de même quand ce dont je suis victime concerne une violence subie dans l'anonymat. Qu'en est-il pour la victime d'un viol perpétré par un ou des inconnus ? Pour celui qui demeure à tout jamais infirme à la suite d'un accident provoqué par un chauffard excité ? Pour les victimes d'une haine aveugle ? D'une erreur judiciaire ? Il m'apparaît que l'acte de mémoire qui leur est nécessaire à titre personnel doit se doubler d'un acte de reconnaissance du mal subi par la société, ce que j'ai déjà évoqué plus haut. Le groupe social, en accusant, en cherchant à faire justice, en offrant une réparation symbolique, reconnaît les faits, porte témoignage et devient garant de la réalité de la blessure. Tant que ce qui s'est passé demeure anonyme, non nommé et dès lors voué à l'oubli, à l'effacement, les faits qui ont déchiré une vie ne peuvent s'inscrire comme appel de pardon par la victime. Ils risquent de faire obstacle à l'évolution de celui qui a souffert. Le groupe social, par son action, aide la victime à garder mémoire quand une impression de folie risque de l'envahir en privé. Et je retrouve là ce que j'évoquais plus haut concernant la loi de prescription qui semble annuler le fait que l'acte ait jamais été commis. En ce sens, écrire un journal, des lettres, un livre pour qu'au moins demeure un témoignage, une trace de ce qui fut, joue un rôle de garde-fou pour la mémoire.

Il y a plus. Nos sociétés sont toutes porteuses d'une histoire où les victimes des totalitarismes, des guerres, des révolutions, des attentats, sont nombreuses. Honorer la mémoire de ces victimes avec plus ou moins de solennité, commémorer, écrire et transmettre l'histoire par les livres et par les images de toutes sortes, sont autant d'actes de transmission nécessaires. On évoque ensemble. On se souvient ensemble. Oui, il est vrai qu'ici des gens ont souffert ou sont morts, non pas nécessairement en héros mais en victimes. Leurs familles ont été à tout jamais meurtries, détruites. L'acte de mémoire leur est un appui pour ne pas sombrer. Peut-être soutiendra-t-il une démarche de pardon si l'un ou l'autre cherche à pardonner, non pas le mal fait à la victime – ce qui, rappelons-le, est impossible –, mais le mal reçu par ricochet, la douleur, la destruction qui sont les leurs.

Si maintenant je vais plus loin, si j'ouvre l'immense et terrible chapitre du mal subi par les victimes du sadisme organisé que nous avons vu et voyons encore se développer dans nos sociétés, nous savons bien que les conditions de commémoration, de célébration du souvenir sont respectées. Nous savons que le travail des historiens y est capital comme sont capitales l'expression du reproche, l'accusation, la quête de vérité. Mais nous savons aussi combien l'éventualité du pardon est ici douloureusement vécue et souvent déclarée impossible, de manière absolue. En d'autres termes, il semble que pour ces situations extrêmes, quoique les exigences paradoxales du pardon telles que nous les avons envisagées soient remplies, le pardon demeure dramatiquement impossible, inenvisageable [1].

1. Voir Vladimir Jankélévitch, *L'Imprescriptible*, Seuil, 1996.

Le pardon impossible

Simon Wiesenthal, dans *Les Fleurs de Soleil*[1], relate un souvenir qui lui est insupportable. Juif interné dans un camp de travail, il est envoyé avec ses compagnons dans un hôpital militaire allemand. Une infirmière le prend avec elle et l'introduit dans la chambre d'un jeune officier SS mourant. Avant de mourir, celui-ci a besoin de raconter à un Juif son horrible crime, ce qu'il fait. « Je lis clairement une contrition authentique dans ses paroles sans qu'il l'ait exprimée directement. » Après son récit, l'officier SS ajoute : « Je sais, ce que je vous ai raconté est affreux. Pendant les longues nuits où j'attends la mort, je suis hanté par le désir de

1. Simon Wiesenthal, *Les Fleurs de Soleil*, Albin Michel, 2004.

parler de tout ça avec un Juif… et de lui demander pardon. » Et le jeune SS conclut : « Je sais que je vous demande beaucoup, presque trop. Mais sans réponse je ne peux pas mourir en paix. » Simon Wiesenthal décrit l'éblouissement du jour qui, par la fenêtre, entre dans cette chambre de mort. Il a conscience de cette situation extraordinaire où sont réunis pour un tel moment l'homme qui va mourir, voudrait mourir en paix à condition d'être pardonné, et l'autre homme qui est promis à la mort et ne veut pas mourir « parce qu'il entend assister à la fin de ce crime abominable ». « L'un attend une aide de l'autre, qui en réalité ne peut rien pour lui. Je me lève, je regarde dans sa direction, je regarde ses mains jointes. Un soleil paraît s'épanouir entre elles. Ma décision est prise. Sans un mot je quitte la pièce. »

Après beaucoup d'hésitations, Simon raconte à ses camarades ce qui lui est arrivé. Le premier lui dit qu'il a bien fait de ne pas accorder le pardon pour un crime qui ne l'a pas atteint, lui. Un autre dit que le mourant ne pouvait pas demander pardon à ceux qui avaient été ses victimes : ils sont tous morts. « Il s'est tourné vers toi parce qu'il voyait tous les Juifs membres d'une même communauté de destin. Pour lui, tu faisais partie de cette communauté, tu représentais sa dernière chance. » Et l'interlocuteur conclut : « Cet homme de Lemberg a manifesté un repentir sincère et authentique de ses méfaits [...]. Alors, il avait mérité la grâce du pardon. »

À la fin de son récit, Simon Wiesenthal ajoute une note dans laquelle il dit être demeuré profondément troublé par cette rencontre ; il raconte avoir rendu visite après la libération à la mère du jeune nazi, « mais je n'ai pas eu le courage de lui dire la vérité sur son fils. Obsédé par cette histoire j'ai décidé de la raconter et, à la fin de mon manuscrit, je pose la question qui, aujourd'hui encore, en raison de sa portée politique, philosophique ou religieuse, mérite réponse : ai-je eu raison ou ai-je eu tort ? ».

Sur les réponses qu'il a reçues, je reviendrai plus tard. Mais ce qu'il a vécu, ce qu'il décrit de son questionnement entre en résonance avec cette extrême pointe de la problématique du pardon lorsqu'elle se pose dans des conditions elles-mêmes extrêmes, qu'il s'agisse des camps nazis ou d'autres lieux et d'autres temps où la fureur de l'homme, sa folie, ont créé l'ineffaçable, l'irrévocable, l'irrémédiable, l'imprescriptible.

En cette humanité assassinée il y a soixante ans dans les camps de la mort nazis, en ces rescapés qui écrivent, nous pouvons reconnaître les Indiens d'Amérique autrefois massacrés, les victimes de l'apartheid en Afrique du Sud, les torturés des guerres de religion, etc. En telle femme blessée, tel enfant battu à mort ou maltraité se retrouvent tous les autres blessés de notre humanité souffrante par la faute de ce qu'elle porte en elle de bourreaux. En ceux qui infligent la blessure nous reconnaissons la marque du crime. Le criminel a une parenté avec les bourreaux de l'extrême crime de la Shoah, avec hélas ce qui en nous parfois pactise avec le monstrueux de l'homme.

C'est avec un infini respect que j'aborde ces questions, faisant humblement appel à l'expérience et à la pensée de ceux qui ont connu cette horreur. Grâce à eux, à ce à quoi ils ont été confrontés, à la réponse que les survivants donnent au mal qui les a touchés de plein fouet dans leur vie et dans celle de leurs proches se trouve éclairé le problème peut-être insoluble du sens du pardon. Cette quête peut apporter quelque lumière sur les vécus jugés ou ressentis comme impossibles, dans des situations mineures par rapport à ces crimes contre l'humanité, mais qui chaque fois appellent une réponse personnelle, une démarche unique et déplaçante.

En effet, de nombreux auteurs évoquent les demandes de pardon collectives, les expressions de repentance, les pardons accordés ou refusés de manière également collective auxquels nous assistons depuis plusieurs décennies. Et ces auteurs s'accordent pour considérer qu'il y a là un déplacement de la culpabilité, un déplacement de l'acte de demande de pardon, un déplacement dans la réponse si elle se fait au nom d'une communauté. La faute, le crime sont toujours personnels, même accomplis collectivement. L'acte de pardon est un acte en lequel seul peut s'engager celui qui a quelque chose de personnel à pardonner. Nous pardonnons en notre nom propre ce que l'autre a accompli en son nom propre et qui nous concerne personnellement.

Dans des écrits vigoureux, violents, exigeants,

Jankélévitch s'exprime entre 1948 et 1971 et l'ensemble de ces textes est publié après sa mort, sous le titre *L'Imprescriptible*. Il y dénonce tout ce qui pourrait se jouer autour d'un pardon accordé à ceux qui ont perpétré le crime contre l'humanité, assassiné les Juifs, leur déniant le droit d'exister. « Lorsqu'un acte nie l'essence de l'homme en tant qu'homme, la prescription qui tendrait à l'absoudre au nom de la morale contredit elle-même la morale. N'est-il pas contradictoire et même absurde d'invoquer ici le pardon ? Oublier ce crime gigantesque contre l'humanité serait un nouveau crime contre le genre humain. » Il exige donc à la fois de conserver et d'honorer ces morts mais aussi de refuser tout pardon, car « le pardon est mort dans les camps de la mort ».

Ces textes dramatiques composent un écho saisissant au livre courageux de Karl Jaspers qui affirme la culpabilité allemande, interrogeant ses auditeurs allemands dans une série de cours : n'avons-nous pas tous été complices des bourreaux dans la mesure où nous ne nous sommes pas levés, quitte à devenir victimes nous-mêmes ? À cela, pour Jankélévitch, aucun pardon n'est possible ; personne ne peut être absous pour ce qu'il a commis ou laissé commettre.

La deuxième partie du livre de Simon Wiesenthal publie une partie des réponses qu'il a reçues trente-cinq ans plus tard, après une nouvelle édition du texte initial. Parmi ces réponses plusieurs retiennent mon attention, notamment celle d'Olivier Abel [1], de Lytta Basset [2] et de Simone Veil. Avec une force et une hauteur de vue qui ne peuvent pas nous laisser indifférents, Olivier Abel commence par affirmer que le décalage des générations, le temps qui passe bouleversent les conditions du pardon ; le regard sur les événements change. Cependant, dit-il, quelques affirmations sont évidentes : celui qui pardonne doit être celui qui a subi le tort, et nul ne peut usurper cette place. Comme l'écrivait jadis Emmanuel Levinas, « pour moi

1. Olivier Abel, né en 1953, est professeur de philosophie à la Faculté protestante de théologie de Paris. Voir *Le Pardon*, *op. cit.*

2. Lytta Basset est professeur de théologie à Lausanne et pasteur à Genève.

je peux pardonner, mais pour les autres je demande justice ». De même, « personne ne peut se repentir à la place d'un autre ». Après une longue réflexion, Olivier Abel semble conclure puisque, ayant distingué les conditions d'un pardon moralement possible, il affirme dès lors « l'impossibilité du pardon dans la situation décrite par [ce] narrateur ». Cette conclusion le fait rebondir : il est impossible de répondre à la question posée par Simon Wiesenthal. Notamment parce que le pardon semble détaché de la morale : immoral, supramoral, inframoral, acte de survie, on n'en sait plus rien. Quand la situation est extrême, et c'est le cas soumis par Simon Wiesenthal, il n'y a plus de morale. Alors, cesser de s'interroger ? C'est à nouveau impossible. Ne pas effacer la question, comme le passé ne doit pas être effacé. C'est en reconnaissant ce qui s'est passé que l'on rompt avec la continuation du passé dans le présent, comme nous l'avons dit dans un chapitre précédent. Mais le pardon réactualisant ce qui en fait l'objet (la chose « irréparable » dans le cas que nous soumet Simon Wiesenthal) est peut-être le seul moyen de soigner la mémoire malade, le seul chemin pour conserver le souvenir sans figer la vie. Par cette réponse, Olivier Abel ouvre une porte là où il y avait risque d'enlisement.

Simone Veil répond à la question de Simon Wiesenthal avec ses propres interrogations, ses hésitations, ses incertitudes. Et son humanité. Finalement, quelle que soit la solution choisie, c'est au-delà de la seule question du pardon possible ou impossible, au-delà de cette morale du choix, qu'elle se situe et qu'elle nous situe. « À cette limite extrême où nous étions parvenus il n'est pas exclu de penser que certains auraient pu accorder ce pardon pour se prouver à eux-mêmes qu'ils avaient su conserver un peu d'humanité. »

Quant à Lytta Basset, elle partage les convictions exprimées sur les conditions premières du pardon. En même temps, elle examine de plus près ce que manifeste Simon Wiesenthal. « Sa capacité de pardonner est requise avec la même puissance (que celle de se repentir chez le jeune SS) et ne le laissera pas en repos. » Alors, elle souligne la compassion qu'a manifestée Simon Wiesenthal envers le jeune SS, malgré tout. Compassion envers le mourant du visage de qui il écarte une mouche, compassion envers la mère à qui il ne dit pas la vérité sur Karl, mort. Elle insiste sur la qualité du silence habité qui a lié ces deux hommes. « Karl est mort en paix, comme si le pardon était passé par là, à votre insu. » Chez ces trois auteurs, nous voyons la question du pardon s'arracher au champ de la morale, s'en détacher. Celle-ci tout à coup se révèle mineure, pauvre, tandis que semble s'ouvrir un champ nouveau.

Pour y pénétrer je prendrai appui sur la démarche de Derrida telle qu'il l'a développée dans un séminaire tenu à l'École des hautes études en sciences sociales [1]. Toujours à la lumière des grands crimes du vingtième siècle en Europe, Derrida traque le concept de pardon. Il distingue et écarte méthodiquement tout ce qui s'y mêle, risquant de nourrir des confusions : regret, amnistie, prescription, réconciliation, irréparable, inexpiable. Dès lors, comme Jankélévitch, il se situe sur le terrain du temps, ce temps qui fixe et engloutit, qui fait que ce qui a été a été. Mais pour lui ce temps même devient

1. Jacques Derrida, *Pardonner*, L'Herne, 2005.

un des moteurs d'un acte de pardon possible. Nous l'avons vu, l'ineffaçable (et la conscience de l'ineffaçable) ouvre une perspective d'avenir dès que nous l'acceptons et le prenons pour tremplin de changement. Pour Derrida, « sans ce privilège têtu du passé dans la constitution de la temporalisation, il n'y a pas de problématique originale du pardon ». Il critique le point de vue de Jankélévitch pour qui « là où l'impardonnable advient, le pardon affirme qu'il n'y a de pardon, s'il y en a, que de l'im-pardonnable ». Ce qui arrache le pardon authentique au domaine de l'absolution, de l'amnistie, du possible et de l'impossible. Le pardon reste irréductible à tout ce avec quoi on a tendance à le confondre. Notamment, si j'écoute, prête attention à celui qui m'a fait du tort, si je comprends, voici que le crime est compréhensible, excusable. Dès lors, il ne relève plus du pardon. « Si le crime est nul et non avenu, s'il est donc excusable, il ne relève pas du pardon, écrit-il. Si la faute n'est pas une faute ni une méchanceté mais une erreur [...] elle ne relève pas du pardonnable et de l'impardonnable », écrit Armand Abécassis, écartant dès lors du champ du pardon de nombreuses situations. Mais, poursuit-il, il est des crimes responsables où « je sais que le criminel était libre de réfléchir [...] je me trouve devant l'impardonnable qui ne relève en aucune façon de l'excusable. C'est alors seulement que le pardon rencontre son objet : à littéralement parler on ne pardonne que de l'impardonnable. On pardonne parce que justement c'est impardonnable et que seul le pardon permet de relancer l'histoire et de reconstruire le monde malgré la catastrophe ».

Mais si l'on ne peut parler de pardon que face à l'impardonnable, tout le reste relevant d'autre chose, et si le pardon permet de relancer l'histoire, vers quoi, vers quels autres horizons sommes-nous conduits ? À quoi nous ouvre le fait d'envisager que le pardon est soit une erreur de vocabulaire, soit d'un autre ordre que celui dans lequel il semble s'inscrire ?

À quoi pourrait nous ouvrir, tant dans la banalité de nos jours que dans les situations extrêmes, ce mode d'approche où nous avons été amenés par la réflexion sur l'impardonnable ?

Au-delà du pardon

« Au-delà du désespoir il y a de blanches prairies », fait dire Anouilh à l'une de ses héroïnes. Et je me demande quelles sont les blanches prairies qui se déploient, les horizons qui s'ouvrent au-delà du pardon.

Car voici que sont comme tombés en poussière les murs des pardons impossibles, les images sulpiciennes des pardons demandés ou accordés, les statues du Commandeur dressées par nos exigences orgueilleuses. Lorsque seul demeure porteur de sens le pardon de l'impardonnable, étonnant et paradoxal, s'ouvre en nous la brèche qui nous fait deviner un ailleurs, un autrement balayé par le grand vent des immensités.

En cet ailleurs, cet autrement, certains sont entrés emportés par la violence du souffle et se sont retrouvés, déchirés et ardents, en des lieux inconnus jusqu'alors. Pour d'autres, ce n'est que lentement qu'ils ont senti s'ouvrir en eux la fissure par où pouvait sourdre la source qui, écoulant son eau, les abreuverait, qu'ils ont senti se lever une brise rafraîchissante.

À travers ces images, tout nous parle de notre inscription dans le temps, de l'acceptation nécessaire du temps qui fait œuvre, de l'accord que nous donnons au temps source de changement. Sans cet accord, nous demeurons dans la paralysie. Tant que nous restons accrochés à nos images, à l'intouchable d'un vécu dont nous gardons mémoire en même temps que nous conservons intact notre vécu premier de l'événement, nous échappons à la réalité du temps et à sa fécondité. L'illusion de la fidélité nous pétrifie dans l'irréalité d'un temps qui ne passerait pas. Celui qui, comme Olivier Abel nous en donne l'exemple, lâche sa position première pour rebondir et aller plus loin entre dans la réalité de l'histoire, ranime le mouvement vers un avenir qui ne tourne pas le dos au passé mais, l'emportant avec lui, invente les grands espaces et les habite.

On pourrait penser ici à l'élan vital, à l'énergie spirituelle, nommés et célébrés par Bergson et qui font écho à la pulsion de vie que Freud mettait en évidence sensiblement à la même époque, sans que les auteurs semblent avoir eu conscience ou connaissance de la parenté possible de leurs théories. Mais d'autres échos se répondent. Platon, quatre siècles avant Jésus-Christ, chante l'Amour dans *Le Banquet*, l'Amour qui semble appartenir à un ordre où ne se poserait pas la question du pardon. « L'Amour ne cause ni n'endure d'injustice, il ne fait de tort à personne, homme ou dieu, il n'en subit de personne, homme ou dieu. La violence n'a aucune part à ce qu'il subit, s'il subit quelque chose, car la violence n'atteint pas l'Amour. » Texte bien proche de celui écrit quelques siècles plus tard par Paul de Tarse et si souvent cité sans qu'on en mesure toujours la force : « L'amour prend patience ; l'amour rend service ; l'amour ne jalouse pas ; il ne se vante pas ; il ne fait rien de malhonnête ; il ne cherche pas son intérêt ; il ne s'emporte pas ; il n'entretient pas de rancune ; il ne se réjouit pas de ce qui est mal mais il trouve sa joie dans ce qui est vrai ; il supporte tout, il fait confiance en tout, il espère tout, il endure tout. » Cette impuissance de l'amour, de la pulsion de vie redécouverte dans sa fraîcheur, œuvre pour un changement radical « car la violence n'atteint pas l'amour » et que l'amour « endure tout ».

Il s'agit alors, pour celui qui est entré dans cet élan de vie, dans cet amour, d'une véritable conversion. Les mots sur lesquels nous butions n'ont plus de sens, ni la réconciliation (qui n'a de sens que si on a été fâché de part et d'autre) ni le pardon, même de l'impardonnable, puisque dans l'amour on est passé au-delà de ses frontières et de ses conditions. Cette conversion de la pensée, cette conversion du cœur font rupture avec tout ce qui a précédé. Le langage dont nous disions plus haut qu'il est indispensable pour nommer la faute, l'avouer ou exprimer le reproche, prend maintenant une autre fonction. Il permet essentiellement de tracer le chemin des retrouvailles avec soi-même et dès lors avec l'autre pour aboutir à la reconnaissance de la faute, du crime, mais aussi au sens de ce qui s'est joué, de ce qui se joue encore.

Le héros du *Nœud de vipères*[1] écrit dans la solitude d'une fin de vie. C'est à la fois une lettre à sa femme et un journal de réflexion : « Ce soir me voici devenu étranger à ce qui était, au sens profond, mon bien. Enfin je suis détaché. Je ne sais quoi, je ne sais qui, m'a détaché, inconscient, des amarres sont rompues, je dérive. Quelle force m'entraîne ? Une force aveugle ? Un amour ? Peut-être un amour… »

La méditation douloureuse se poursuit : « Je sentais, je voyais, je touchais mon crime. Il ne tenait pas tout entier dans ce hideux nid de vipères : haine de mes enfants, désir de vengeance, amour de l'argent ; mais dans mon refus de chercher au-delà de ces vipères emmêlées… » « Au-delà de ces vipères emmêlées », ce serait peut-être l'ailleurs, le tout autre de l'amour qu'il pressent. Et puis vient le constat : « Ceux que je devais aimer sont morts ; morts ceux qui auraient pu m'aimer. »

---

1. François Mauriac, *Le Nœud de vipères*, LGF, 1979.

Ainsi l'irréparable se révèle accompli. Mais le cheminement de l'amour jusqu'ici inconnu progresse obscurément en ce vieil homme finalement capable d'un geste de tendresse envers sa petite-fille réfugiée chez lui : « Je tournais, impuissant, autour de ce bloc humain, de ce corps prostré, "mon enfant…". Je ne trouvais pas le mot que je cherchais. » Les dernières lignes du journal interrompu se concluront par le mot « amour ». Pas question de demander pardon à qui que ce soit. Pas davantage de quête d'un pardon que le vieil homme pourrait s'accorder à lui-même ou se refuser. Une frontière a été franchie qui l'a conduit ailleurs, en un lieu où la morale n'a plus de sens et où le mot « pardon » est pauvre en regard du mot « amour ».

De même quand Augustin écrit ses *Confessions*, s'adressant à son dieu, et qu'il évoque ses fautes, son cri n'est pas « Pardonne-moi », mais « Je viens vers toi, je t'aime ! ». Il écrit : « Qui me débrouillera ce nœud tout entortillé et enchevêtré ? C'est laid. Je ne veux pas regarder. Je ne veux pas voir. C'est toi que je veux. » Et un peu plus tard, dans le magnifique Livre X :

« J'ai tardé à t'aimer. Beauté si ancienne et si neuve, j'ai tardé à t'aimer ! Ah ! voilà : tu étais dedans, moi dehors, et je te cherchais dehors [...]. Tu étais avec moi sans que je fusse avec toi [...]. Tu m'as touché : j'ai pris feu pour la paix que tu donnes [...] je t'appelle ô mon Dieu, ô ma miséricorde, toi qui me fis, et, quand je t'oubliais, ne m'oublias pas ! »

Le vieil homme du *Nœud de vipères*, l'Augustin des *Confessions*, dans des situations que je caractériserais de privées, sont passés dans le monde où les mots de « pardon » ou de « réparation » n'ont plus de sens, même si le geste d'amour a un caractère réparateur.

Mais il me faut revenir encore une fois à ce que nous enseigne la situation extrême, celle de l'impardonnable imprescriptible. Et je retrouve la réponse de Simone Veil à Simon Wiesenthal : pardonner pouvait en soi n'avoir aucun sens si ce n'est celui de ne pas tomber dans l'inhumanité. Ce que confirme la réflexion de cet homme qui a vécu la guerre d'Algérie. Il en revient profondément troublé, n'en parle pas pendant des années et dit enfin, beaucoup plus tard : « La guerre c'est horrible.

Il n'y a pas de guerre propre. Ce que j'ai vu c'est que, lorsque les hommes ont le droit de tuer, même par devoir, même pour se défendre, cela déclenche le désir de tuer. De tuer n'importe comment. J'ai vu les hommes devenir des bêtes. » C'est dans son humanité que cet homme a été bouleversé. Il ne pose même pas le problème du pardonnable ou de l'impardonnable. À ce niveau d'expérience et de pensée, le seul problème pour lui a été de demeurer humain, d'accomplir l'acte sacré par lequel nous demeurons humains.

Etty Hillesum, jeune femme juive, a vingt-sept ans en 1941. Elle vit à Amsterdam occupée. Dans le *Journal*[1] qu'elle a commencé d'écrire, elle relate comment il lui arrive de « lâcher des bordées d'injures à l'adresse des Allemands » pour blesser une des pensionnaires allemandes. « J'exhale ma haine : "Quelle sale race !", et en même temps je meurs de honte. Je suis profondément malheureuse, je n'arrive

1. Etty Hillesum, *Une vie bouleversée. Journal 1941-1943*, Seuil, 1995.

plus à retrouver mon calme et j'ai le sentiment d'un énorme gâchis. »

Un peu de temps passe. Elle lit avec son psychothérapeute et ami Spier quelques notes qu'il a écrites : « Et lorsque nous sommes arrivés à ces mots : "il suffirait d'un seul homme digne de ce nom pour que l'on pût croire en l'homme, en l'humanité", dans un élan spontané je lui ai mis les bras autour du cou. La haine farouche que nous avons des Allemands verse un poison dans nos cœurs. » Elle dit alors qu'une pensée libératrice lui est venue récemment : « N'y aurait-il qu'un seul Allemand respectable, qu'il serait digne d'être défendu contre toute la horde des barbares et que son existence vous enlèverait le droit de déverser votre haine sur un peuple entier. »

Ainsi adhère-t-elle à ce but essentiel : sauver ce qu'il y a d'humain dans l'humanité ; ne pas succomber à la haine et à la gangrène, ce qui ne signifie en rien l'évitement du jugement ni du reproche. Elle l'écrira, beaucoup plus tard : « La révolte qui ne naît que lorsque le malheur vous atteint personnellement n'est pas authentique et ne pourra jamais être féconde. Et l'absence de haine n'implique pas nécessairement l'absence d'une élémentaire indignation morale [...]. Au camp j'ai ressenti si fort le fait que chaque atome de haine ajouté à ce monde le rend encore plus inhospitalier qu'il n'est. »

Quelques mois avant sa déportation, lorsqu'elle vit encore à Amsterdam, elle s'interroge sur le lien entre le bourreau et la victime et cela à travers la question des humiliations imposées aux Juifs : « Pour humilier il faut être deux, écrit-elle. Celui qui humilie et celui qu'on veut humilier, mais surtout : celui qui veut bien se laisser humilier. » Elle évoque le fait que même si tout est interdit « au-dessus de ce bout de route qui nous reste ouvert, le ciel s'étale tout entier. On ne peut rien nous faire, vraiment rien ». À condition de ne succomber ni à la haine ni à la peur.

Le 20 juin 1942, elle poursuit la même méditation dans l'univers de liberté intérieure où maintenant elle est entrée : « Si la paix s'installe un jour elle ne pourra être authentique que si chaque individu fait d'abord la paix en soi-même, extirpe tout sentiment de haine pour quelque race ou quelque peuple que ce soit, ou bien domine cette haine et la change en autre chose : peut-être même à la longue en amour, ou est-ce trop demander ? C'est pourtant la seule solution. » Ce qu'elle confirme un mois plus tard : « Après la guerre, nous aurons à construire un monde entièrement nouveau et, à chaque nouvelle cruauté, nous devrons opposer un petit supplément d'amour et de bonté à conquérir sur nous-mêmes. »

La dernière page du livre de Nelson Mandela a les mêmes accents. Il dit que c'est au cours de ses longues années de captivité et de solitude que sa faim de liberté pour son peuple est devenue « faim de liberté pour tous, Blancs et Noirs. Je savais parfaitement que l'oppresseur doit être libéré tout comme l'opprimé. Un homme qui prive un autre homme de sa liberté est prisonnier de la haine, il est enfermé derrière les barreaux des préjugés et de l'étroitesse d'esprit [...]. L'opprimé et l'oppresseur sont tous deux dépossédés de leur humanité [1] ».

---

1. Nelson Mandela, *Un long chemin vers la liberté*, Fayard, 1995.

Ainsi la réflexion que j'abordais concernant le pardon, tant qu'elle est demeurée dans les situations qui font partie de la vie courante, m'a conduite à considérer le pardon comme un des actes de la vie, une des requêtes de nos vies fautives. Pour demander pardon, il faut avoir conscience du mal infligé à l'autre, pouvoir le regretter, le dire à l'intéressé seul requis pour pardonner le mal qui lui a été fait à lui. Pour pouvoir pardonner, il faut à la fois oser faire reproche, dire sa peine ou sa colère. Ne jamais prétendre effacer ce qui fut et demeure réalité. En garder mémoire. Même si la douleur est grande, et parce qu'à tout jamais sont liés de manière indélébile celui qui a blessé et celui qui a été blessé, celui qui a demandé pardon et celui qui a pardonné.

Mais voici qu'au moment où j'aurais pu clore cette réflexion s'est imposée avec force l'évidence du sentiment d'une impardonnable blessure. D'abord dans une situation où l'on pourrait considérer que le blessé s'accroche à sa rancune, à son refus là où un autre aurait pu cheminer, ce qui mettait en évidence la nécessité d'accepter de changer pour demeurer vivant, fécond. Mais alors sont apparues les notions d'impardonnable lié à l'irréparable, puis à l'irréparable absolu, à une telle inhumanité dépassant les individus que c'est l'imprescriptible qui dominait la scène. Et de cette évidence a surgi le paradoxe extraordinaire de Derrida : le pardon n'a de sens que face à l'impardonnable. Paradoxe qui bouleverse et exige de nous que nous allions beaucoup plus loin que nous n'avions prévu. Et ce beaucoup plus loin serait possible même aux tenants de l'impardonnable parce que imprescriptible, ou de l'impardonnable tout simplement. Parce que je ne peux ni ne veux pardonner. Parce que la seule éventualité de pardon fait se lever en moi une folie de refus.

Ce plus loin imprévu, ces blanches prairies que j'évoquais plus haut, c'est l'espace où la préoccupation, l'exigence ou l'impossibilité de pardon n'ont plus cours. Un lieu où la seule réalité qui fait sens est celle de la dignité de l'homme, de son humanité, de son humanisation en cours, en chacun d'entre nous.

Au-delà des blessures, celles que nous avons imposées à d'autres, celles que nous avons reçues ou dont nous avons été les témoins impuissants, nous pouvons encore marcher, avancer ensemble. C'est l'éveil possible en nous de cette humanité, l'aube d'un au-delà de la morale et d'un au-delà des puissances de mort.

Ainsi, le paradoxe qui pour moi surgit de cette réflexion sur le pardon n'est pas des moindres. La demande de pardon ou l'acte de pardon m'apparaissaient initialement, que ce soit dans la banalité des jours ou dans certaines situations extrêmes, comme inscrits dans le champ de la morale. Au terme de ce voyage, la morale me semble balayée. Le sens du pardon s'est réduit en cendres.

Demeure l'appel à la croissance en nous du sens de l'humain, au nom de notre dignité d'êtres humains. Un appel qui nous ouvre à la vraie liberté et peut-être au champ illimité du spirituel.

Table

DU MÊME AUTEUR

ESSAIS ET OUVRAGES PSYCHANALYTIQUES

Le Triangle brisé, Payot, 1973

Avant l'Œdipe, Masson, 1979

Le Signe de la baleine, Cerf, 1981

Deux imaginaires pour une cure, Bayard, 1992

Le Travail de l'imaginaire en psychothérapie de l'enfant, Dunod, 1998

Au miroir des rêves, Desclée de Brouwer, 2001

L'Inconscient de Descartes, Bayard, 2003

Bégayer, des cailloux plein la bouche, Fleurus, 2004

Aux origines du rêve, Le Temps qu'il fait, 2007.

CHEZ ALBIN MICHEL

La vérité sort de la bouche des enfants, 1998

Blessures d'enfance, 1999

J'aime pas me séparer, 2002

La Solitude, ses peines et ses richesses, 2004

Le Dieu de l'enfant, 2005

CHEZ D'AUTRES ÉDITEURS

Ces enfants qui nous provoquent, Fleurus, 1997

Sont-ils heureux loin de nous ?, Fleurus, 1998

Ce que nos enfants essaient de nous dire, Fleurus, 2004

Composition IGS-CP
Impression Bussière, janvier 2007
Éditions Albin Michel
22, rue Huyghens, 75014 Paris
www.albin-michel.fr
ISBN 978-2-226-17604-2
N° d'édition : 24893. – N° d'impression : 064549/1.
Dépôt légal : février 2007.
Imprimé en France.